U0527210

不屈不挠的投资者
为什么股市只有少数人成功？

[美]史蒂文·西尔斯（Steven M. Sears） 著
刘燕 王松 译

中信出版集团｜北京

图书在版编目（CIP）数据

不屈不挠的投资者：为什么股市只有少数人成功？/（美）史蒂文·西尔斯著；刘燕，王松译. -- 北京：中信出版社，2022.5

书名原文：The Indomitable Investor: why a few succeed in the stock market when everyone else fails

ISBN 978-7-5217-4226-8

Ⅰ.①不⋯ Ⅱ.①史⋯ ②刘⋯ ③王⋯ Ⅲ.①股票投资 Ⅳ.①F830.91

中国版本图书馆 CIP 数据核字（2022）第 064215 号

The Indomitable Investor: why a few succeed in the stock market when everyone else fails
by Steven M. Sears.
ISBN: 978-1-118-11034-8
Copyright © 2012 by Steven M. Stears. All Rights Reserved. This translation published under license. Authorized translation from the English language edition, Published by John Wiley & Sons. No part of this book may be reproduced in any form without the written permission of the original copyrights holder. Copies of this book sold without a Wiley sticker on the cover are unauthorized and illegal.
Simplified Chinese translation copyright © 2022 by CITIC Press Corporation.
本书仅限中国大陆地区发行销售

不屈不挠的投资者——为什么股市只有少数人成功？
著者：　　　[美]史蒂文·西尔斯
译者：　　　刘燕　王松
出版发行：中信出版集团股份有限公司
　　　　　（北京市朝阳区惠新东街甲 4 号富盛大厦 2 座　邮编 100029）
承印者：　　北京诚信伟业印刷有限公司

开本：787mm×1092mm　1/16　　印张：18.75　　字数：191 千字
版次：2022 年 5 月第 1 版　　　　印次：2022 年 5 月第 1 次印刷
京权图字：01-2017-2783　　　　　书号：ISBN 978-7-5217-4226-8
定价：69.00 元

版权所有·侵权必究
如有印刷、装订问题，本公司负责调换。
服务热线：400-600-8099
投稿邮箱：author@citicpub.com

前言

我曾经给这本书起名为"投资者自我防卫手册",可惜,除我之外没有人喜欢这个题目,于是我就将本书改名为"不屈不挠的投资者"。但我的初衷没有改变,那就是要为大家提供一本可以规避华尔街风险、提高投资成功率的书。希望通过本书,唤醒更多的投资者不再成为被华尔街围猎的"羔羊"。

现在全世界都认识到,金融危机拉大了富人和穷人的差距,甚至可能是用一种前所未有的方式永久地固化了这个差距。收入差距问题,原本是一些经济学家在钻研的课题,过去常在一些高深的金融刊物中出现,现在却成了畅销书的主题。全世界的主要城市已经成为富人的主战场,他们争相在这里购买资产,炫耀财富。

21世纪第一次大型金融危机①暴露了一个更加罪恶的现实,即金融知识上的差距可能会比传统的社会经济阶层之间的差距更具有破坏

---

① 这里所说的金融危机指的是由美国次贷危机所引发的,在2007年开始浮现,到2008年9月开始失控并持续至2009年的全球性金融危机。

性。由于现代社会日益复杂和专业化，越来越少的人能够掌握必备的竞争技能，因此这种认知差距可能将进一步扩大。毫不夸张地说，这已经成为一个对于全民都具有重大意义的问题，因为我们当中越来越多的人必须依靠金融市场来支持我们退休后的生活所需。这种金融知识缺口如不能及时补上，人们向上攀登的脚步或将受到牵绊，改善自己和家人生活的希望可能就会落空。

这个问题究竟有多么严重呢？世界最大的投资管理公司贝莱德公司（Blackrock）认为，这是一个全球性现象。一项针对来自12个国家的17 000余人的问卷调查发现，只有27%的人对投资股市感到舒适。贝莱德公司所做的《把脉年度投资者》问卷调查也发现，全球只有不到50%的人认为他们掌握储蓄和投资的相关知识。

有一种说法称，掌握一种规律或者技能，需要花费1万个小时的时间。但是谁能拿出1万个小时的空闲时间来做某件事呢？更别提去研究投资和金融了。现在，人们每天面临各种各样的生活压力，大家都竭尽所能做到最好。他们辛苦工作，却只能勉强过活。他们努力想要为孩子创造更好的条件，他们希望能够有足够的钱来支付每个月的账单，最好还能攒下一点儿，以备支付退休后的开销或者教育和医疗等生活中一些大的支出项目。

而从我们面对的现实来看，股票市场很可能会给大家提供一个最好的方式，来解决我们现在所面临的许多长期的需求。以危机后期的复苏情况为例：2014年二季度末，道琼斯工业平均指数比2008年1月的7 500点左右翻了一番。

但是，另外一个现实就是，多数人在股市上的成绩赶不上市场平均水平。没有受过培训的投资者基本上都被套牢，很多人到现在还未解套。股市崩盘后，高速上扬期随之而来，但他们并没有参与到这一过程中。直到今天，一些文章和问卷调查显示出，大多数人仍然害怕股市。

而富有经验的投资者的情况就好得多。他们在2009年3月前后重新进入市场买进股票。他们认识到这个时机是正确的，因为投资者情绪极为负面，美国政府和其他国家的政府正在制定规划和政策来化解持有股票的风险。对于这些人而言，很多人没有涉足金融危机最糟糕的时期，而后危机时期的股市大涨又为他们创造了大笔财富。

同时，许多寻常百姓继续持有现金。尽管这意味着他们的资产在缩水，但他们依然在这样做。通货膨胀率在我写这本书的时候还很低，但是仍然要比多数银行提供的利率高。从金融的角度来看，这些人的实际回报率为负值。

极具讽刺意味的是，走出这些困境的途径正是给人们造成困境的罪魁祸首——华尔街。有人可能会说，处理这些问题的最好方法是进行长期投资。这个观点没错，但不太现实，很少有投资者有足够的金融自律精神，在股票价格下降时不惊慌失措。同样，当股票价格不断上涨到破纪录的高位时，也很少有投资者能够头脑清醒地分析经济形势和市场条件。事实上，买进并持有的投资策略，对很多人而言只是一件应该做的事，就像应该多吃西兰花、多运动一样，但实际上，面对快速致富的欲望或是不知道该何时出手的疑虑时，这个策略最终还是被抛弃了。

我逐渐认识到，多数人把自己称作长期投资者，实际上指的是他们在股市上投入的时间很长，而并不是持有某一只股票的时间长，这是关键。花了30年时间在股市上，和30年间持有一个精心配置的股票组合，并且其中某些股票持有数十年，是不一样的。

大多数投资者似乎在他们生命的不同阶段，制定了不同的投资策略。他们通常始于天真，去购买新闻里推荐的股票、朋友或同事推荐的股票，这一阶段的特点是贪得无厌。在亏钱时，这些投资者通常会走向下一个长期阶段，这个阶段的特点是更加谨慎，至少看起来比较谨慎。他们也许会投资更多，但这主要是因为他们其他的收入更多了，然后投资股票，就好像是选举投票一样，是一个成年人该做的事。等到快退休的时候，这就到了第三阶段，他们开始意识到自己的时间不多了，不能再承受巨大的亏损了，于是就采用更加小心翼翼的方式，将风险管理放在投资收益之前，更加关注分红和收入。但是与此同时，他们的投资顾问也将这些快退休的客户放到了不适合推荐的名录中。换句话说，我认为当人们认真为退休做准备的时候，通常已经有了好的投资意识，这比他们本该有的时间晚了很多年，也就是说老年人具有的投资智慧实在是青年人所应该拥有的。

大多数人在大多数时候的投资收益都不如股市的增长，如果股市一年涨了20%，投资者的投资组合涨幅通常都会小于这一数值，华尔街非常明白这一点。投资者爱买那些正在上涨的股票，因为他们认为价格会继续上涨，而当价格下跌的时候，他们会卖出股票。这是行为金融学最为基本的一个教训，唯一比希望大赚一笔更加强烈的投资者情绪就是担心会亏损，尤其是会损失一大笔。当投资者亲眼看到曾经高涨的股票大跌并意识到已经亏钱的时候，他们往往会恐慌抛售。然而他们从来就没有意识到，如果继续持有往往是更好的结果；也从来没有意识到，他们的决定是错的。你应该高卖低买，这些简单的话，往往都是真理。

在2007年的次贷危机中,我正在担任《巴伦周刊》的专栏作家,对于工作中遇到的一些问题,以及和朋友、家人谈话时聊到的问题深感担忧。我听到了许多投资顾问欺骗客户、客户欺骗自己的故事,许多人投资于那些他们根本不了解的金融产品,并且那些产品与他们的年龄、收入、投资目标均不相符。

即使到今天,每当我想起那些骗子,就是那些把客户赚钱就归功于自己,其实是得益于股市上涨,而当股市下跌、客户遭受损失的时候,又不承担责任的投资顾问,我还是激愤难当。他们的一些行为已经接近犯罪。

说实话,华尔街非常复杂,它从认知差中获益并继续维持认知差。有些问题确实很复杂,但是如果你能准确了解你的行为,那么你也能了解股市上发生的大多数情况。虽然有些事情是深奥难懂的,但即使是华尔街上也少有人了解那些东西,你就更没有必要去了解了。

我强烈地认为,人们需要直截了当地去讨论投资和市场。我在本书中试图用平白、直接的语言来介绍我的观点,当我发现有些观点难以理解的时候,我往往会多次重复,通过不同的方式与读者沟通,让读者能够了解。我的目标是,通过这本书来介绍一些核心的事实、观点,以及有经验的、成功的投资者经常使用的规避投资风险的一些原则。我试图综合所有相关的信息,以使一个没有经过实际投资培训或没有经验的投资者,在投资和做金融决策时能够运用合适的观点和分析框架,我会尽最大的努力来帮助读者去弥合认知差。

曾经有人对本书提出意见,希望提供更多的内容。我没有这样做,主要基于两个理由:一是人们不愿意读厚书,二是金融类和投资类图书往往会吓跑读者。所以,使多数读者远离或入睡的最快方式就是给他们一本600页厚的投资书。在这本书里，我尽量照顾到读者的阅读习惯，努力平衡书的深度和范围。有些读者可能会感到失望，因为我没能给他们指出一条致富路（唯一有可能通过读书而快速致富的人就是那些写书的人）。投资的真谛在于市场在不断地变化和演进，我会尽力给大家提供一种不同的原则和方法。拿破仑曾说过："我有时是狐狸有时是狮子，统治的秘密在于要知道什么时候应该是前者，什么时候应该是后者。"投资也是这样。

我坚信，在我们生活的时代，我们必须自立，并足智多谋，就像我们的前辈一样坚强地开拓荒野，建立国家。我坚信我们的子孙后代将面临一个更加不同的未来，我们有责任做聪明的决定，帮助他们。

我写这本书是要给持续教育打一个基础。金融市场太大、太复杂，一本书难以尽述。我希望读者通过本书了解一些基本事实和投资原则，而后继续学习。大家可以参考书中的资料来源继续阅读。

我猜现在很多人都了解了更多的金融知识，准备攒钱以备退休，因为次贷危机改变了银行的运作方式。事实上，银行在本轮危机中损失惨重，由于一些冒险性交易活动受到严格监管，银行把目光转向了普通投资者。危机后，很多银行希望通过管理资产，从而收取管理费来获利。为了吸引人们到银行开立或转移交易账户，银行很可能会用各种信息来吓唬公众，表明只有银行才能帮你克服金融挑战，所以请做一名有知识的消费者。

诚然，股票仍然是最好的投资渠道之一，或者是最好的获取巨额财富的渠道之一。忽视市场及其运作方式，或是抨击华尔街道德缺失，并不会使你的生活变得更好。你必须了解市场的运作方式，避免华尔街从你身上赚更多的钱，同时反过来从华尔街赚钱。

我希望这本书可以帮助你了解更多的金融知识、投资技能以及市场运作方式；也希望你能够学到足够的知识，来弥补决定股市投资成败的知识缺口；更希望这本书能帮助你克服知识挑战，开始思考这个市场的运作模式，踏上获取更大收益的旅途，从而达到你的最终目的。

预祝大家投资成功！

目录

第一章 **风险** / 1
　　一个沉迷于股市的国度　/ 6
　　疯狂时代的理智话语　/ 10

第二章 **贪婪** / 17
　　最艰难的决策　/ 30
　　钢铁侠　/ 31
　　阿特拉斯不耸肩　/ 35
　　战士哲学家　/ 37
　　动物园里的猴子　/ 40
　　行业环境　/ 41
　　沃伦·巴菲特的危险　/ 44
　　失败的价值　/ 45

第三章 恐惧 / 49

逆向思维理论 / 57

放逐华尔街 / 60

媒体本身就是消息 / 64

媒体误读了谷歌 / 66

保尔森的赌博 / 68

巴菲特的高盛交易 / 71

淡化新闻 / 72

第四章 信息分析 / 75

感知之门 / 80

信息分析 / 82

未来就是现在 / 86

作秀的商业 / 90

语言就是武器 / 92

相信，但是也要验证 / 94

第五章 混乱 / 107

金钱永不眠 / 110

反常行为 / 111

黑天鹅的名片 / 114

市场地图 / 115

别走偏了 / 118

冷漠与恐惧是你的朋友　／119

　　不要害怕黑天鹅　／121

　　现代投资组合理论是否依然有效？　／122

　　800年的危机　／128

　　恐怖的灰天鹅　／129

第六章　**第欧根尼的灯笼**　／135

　　业绩都是相对的　／140

　　1 000笔管理费用之死　／141

　　股票经纪人的薪水　／147

　　隐藏的费用　／152

　　警惕新产品　／153

　　令人难受的一段话　／154

　　滑稽的一面　／155

　　适宜性要求　／156

　　信托标准　／157

　　莎士比亚的原则　／158

　　求助于常识　／159

　　可以信任但还是需要验证　／160

　　积极的和消极的基金管理人　／163

第七章　**周期**　／167

　　股市中的一年　／170

神秘的重复　/ 180

快闪党　/ 181

历史的问题　/ 183

缓慢移动的经济　/ 183

ISM 的构成　/ 185

数字的烦恼　/ 187

谁说的？高盛公司说的　/ 187

行动　/ 194

第八章　行为　/ 197

一个大脑，两种思维　/ 200

图表和模型　/ 203

要用你的大脑思考金钱　/ 206

难以控制的赌徒　/ 208

伯尔赫斯·弗雷德里克·斯金纳来到了
华尔街　/ 208

赌场文化　/ 210

你的私人股票市场　/ 213

经常出错，但从不怀疑　/ 214

记忆的错觉　/ 215

麦道夫时代的避风港　/ 217

幻觉　/ 220

维克多的教训　/ 223

一个过于自信的小故事　／224

从慢慢走到快快走　／227

思考周　／228

光环和天使　／229

行为经济学家正在研究你　／231

大银行正在关注着你　／234

古老的教训　／236

第九章　守夜人，今晚怎么样?　／239

下一次大崩溃　／243

误读和幻想　／244

旋转门　／245

投资者教育　／247

鸡窝里的狐狸　／248

艰巨的任务　／249

聪明的钱，而不是疯狂的钱　／250

重复和速度　／253

更多的教育　／253

使用平实的语言　／254

失败的原因　／255

美德　／256

阶梯　／257

系统性的变化　／259

闪崩　/ 260

弱点　/ 262

华盛顿　/ 264

一个全球性的问题　/ 266

礼物　/ 268

监管幻觉　/ 269

权力　/ 272

权力制衡　/ 273

致谢 / 275

我必须创造一种体系，否则将被另一个人创造的体系所奴役。

——威廉·布莱克（William Blake）

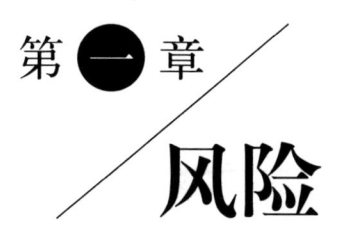

第一章

风险

华尔街上的每一个人都知道，股市如果没有"傻子"的钱是没法运转的，这是笔肮脏的交易。"傻子"的钱，指的是那些华尔街之外的普通投资者，华尔街将他们定义为"傻子"，这些人总是做出最有利于华尔街的行为。"傻子"的钱在应该卖出的时候买入股票，然后恐慌，最后在应该买入的时候卖出股票。这是普通人在股市大量亏损，而华尔街却赚走很多钱的主要原因。如果剔除通货膨胀的正面影响和公司股票分红（这两项大概占了历史股票收益的45%以上），多数投资者的投资组合收益将大大缩小。

现在，婴儿潮时期出生的一代人正面临着退休，而年轻一代则担心他们的生活质量不如父母一辈，数百万人开始明白他们必须变得更聪明、更快地进入股市，以便退休时能付得起孩子的大学学费，同时生活的财务状况能相对自由。

那种靠定期股票投资来赚取退休金的旧观念已经过时了。过去的股市行情好，每7年左右股票市值就能翻番，而2007年的次贷危机、2009年的欧洲主权债务危机，带来了一种新的金融现实，也证实了华尔街的格言，就是"股市在大多数时间里伤害了大多数人"。

但是，未来不一定会像过去那么困难。

有一条已经走通的路，每个人都可以沿着这条路更好地对付华尔街和股市。这条路已经存在了几个世纪了，一小撮人把它设计出来，并且持续地完善它，用它来避免吞噬大多数人的金融灾难。这一小撮人长期主导金融市场，并对19世纪末约翰·斯图尔特·穆勒（John Stuart Mill）提出的"人们可以做出合理的金融决策"的观点暗自发笑。

穆勒把他的观点称为"经济人假设"，他宣称他的经济人有能力做出增加其财富的金融决策。穆勒的经济人自此如金融界的"弗兰肯斯坦"[①]一般存在着，特别是在过去的40年中，穆勒的经济人——今天被简称为"约翰"和"珍妮"的投资人，很难在股市上赚到钱。

与穆勒的理念形成鲜明对比的是另一小群人，他们赚到的钱比亏损的多。按照穆勒的逻辑，我们可以把这些人叫作无所畏惧的人。

这些无所畏惧的人和市场上的其他人都不同，他们的想法和行动都是违反直觉的，也许可以用一句简单的话总结一下：糟糕的投资者想的是如何赚钱，而成功的投资者想的是如何不赔钱。这是每个投资者都应该知道的原则。读懂这句话，你才有可能从股市上获得真正的成功。

糟糕的投资者和成功的投资者的想法差异巨大：一种想法能导致投资者最后把利润以及全部或部分的原始资金全都还给华尔街，另一

---

① 英国作家玛丽·雪莱创作的同名长篇小说的主人公。该小说被认为是世界第一部真正意义上的科幻小说，讲的是人造人的故事。——编者注

种想法则能使投资者留下多数利润。尽管好的投资原则看起来像是常识，但华尔街之外的人士并不知晓。这就是这么多人在市场上失败的原因之一：他们缺乏一种简单、合适、有纪律的投资决策框架。多数人只想着怎么致富，并且迅速致富，他们一次又一次地尝试各种方式，承担更大风险来获取利润并收回损失，通常收效甚微。他们继续攀爬在股市的风险阶梯上，追求更高风险投资的高额回报，却没有真正明白他们所面临的风险，以及他们失败的原因。

问题不一定是人们太过贪婪或者愚蠢，不知该如何避开股市的风险，而是美国迅速从一个储蓄者的国家转向投资者的国家。那些曾经在20世纪70年代中期攒钱的储户越来越多地进入股市，尽管他们过去甚至现在仍然是金融"文盲"。这些新的投资者还只是从平民的角度来思考，而不是从华尔街的角度，这个断层是致命的。不能简单地期望经济改善，或者以另一个牛市来消除人们的金融难题，而是要聚焦那些经过时间证明是正确的华尔街的事实和想法，长期以来，当其他投资者陷入困境时，这样做能够保证那些优秀的投资者的安全。

如果你认为人们能从亏钱中吸取教训，那你就错了。那些亏损最多的人，至少是在股市上亏损的人，通常是最着急收回损失的人。其中的道理非常有趣，也是了解为什么投资者陷入盛衰周期的关键。太平洋投资管理公司（PIMCO）前首席战略师、现在贝莱德公司就职的马克·泰博斯基（Mark Taborksy）说："如果有人在市场上投了很多钱，然后亏损了，他们的反应是立刻跳回市场，因为不赚钱的风险比亏掉剩余钱的风险要大。"[①]

---

① 来自与作者的对话。

北卡罗来纳州格林斯博罗城的金融规划师吉布·麦凯克伦（Gib McEachran）长期与那些摔下风险阶梯并且希望再次爬上去的投资者打交道。在2009年年末，一对退休夫妻带着价值160万美元的投资组合来到他的办公室寻求帮助。在互联网泡沫的高峰期，这对夫妻的投资账户价值230万美元。他们不是想着如何用这些钱来改善退休生活，而是希望麦凯克伦帮助他们赚回亏损的60多万美元。当然这是丈夫的意愿。妻子最后要求丈夫安静，听从别人的建议（研究表明，女人一般比男人更厌恶风险）。①

尽管自2007年全球金融危机开始以来人们就对华尔街满是怨恨，现在危机又席卷了欧洲，但是我们不可能逃离这个市场，只能学习如何应对它。不过在学习如何应对市场之前，很重要的一点是了解华尔街是如何接近平民百姓的。

｜一个沉迷于股市的国度｜

美国股市实际上是在20世纪90年代迅速发展起来的，这段时期以及此前的15年间，技术快速发展，相关政策也不断出台，给华尔街提供了入侵普通大众的机会。如果分开来看，没有哪个独立的事件是特别重要的，但是其总和大于局部，而后续发生的事情和创新的规模都令人目瞪口呆。

1974年，美国修改了税收法典，创立了个人退休金账户。个人退休金账户的问世使人们可以投资股票，并能推迟支付利息，直到退

---

① 来自与作者的对话。

休时取出钱时再付。这使很多人有机会品尝一下投资的感觉,上百万投资者从此登上了风险阶梯。出台个人退休金账户也标志着一个熊市的结束。1975年,美国证券交易委员会放宽了对中介交易公司佣金的限制,终结了过去183年的历史做法,这种做法可以保护股票交易所会员的利润,但是也因佣金过高而将大多数普通投资者拒之门外。很快,一些低价交易公司,包括查尔斯·施瓦布(Charles Schwab)创办的嘉信理财公司,把华尔街带到了普通民众身边。为了吸引消费者,嘉信理财公司和其他公司大幅降低股票交易佣金,一时间,股票交易变成了中等收入阶层也能负担得起的投资了。

查尔斯·施瓦布说:"由于股票交易价格大幅降低,甚至不到过去价格的一半,普通美国人参与投资的壁垒被清除了。"[1]

施瓦布表示,在1975年,大约有价值1.75万亿美元的可投资资产是由个人持有的,其中有不到45%投资于证券,如股票等。交易佣金是有固定标准的,而且是由高收入的中介公司来做。到了2005年,个人持有超过17万亿美元的可投资资产,其中73%投资于证券。在短短30年间,超过一半的美国成年人拥有一种或多种形式的股票。

在1975年,约翰·博格尔(John Bogle)创立了先锋领航集团(Vanguard Group)。他的共同基金对华尔街而言就像沃尔玛对零售业的意义一样:低成本。大约在1980年,特德·本纳(Ted Benna),一名税务咨询师,高效地创造出401(k)退休金账户,这对人们如何储蓄退休金起到了重要作用。

---

[1] 资料来源:Charles Schwab, "May 1 Marks 30th Anniversary of Brokerage Commission-Deregulation," press release, April 28, 2005.

那些通过个人退休账户和 401（k）表格尝到了甜头的投资人不可遏制地爱上了股票。大面积的牛市始于 1982 年，是在总统里根第一任期的第二年。条件非常完美，股票很便宜，买卖股票也很容易。如果只在场外观看是不明智的，甚至是愚蠢的，随后的道琼斯工业平均指数的高涨很快就证明了这一点。在 1982 年 8 月 12 日，道琼斯工业平均指数是 777 点。股市的崛起很快就被彩色电视媒介载入史册：1989 年，美国消费者新闻与商业频道（CNBC）创立，其随后帮助改变了公众对于股票市场的看法。在 CNBC 创立前，金融新闻主要出现在商业纸制媒体里，包括《华尔街日报》和《巴伦周刊》。如果电视上提及股市，也只是简单说说道琼斯工业指数在当天是上涨或是下跌了。而现在，股市新闻经常占据了晚间新闻以及许多报纸和杂志的头版。

到了 1990 年圣诞节，互联网兴起了，快速掀起了革命式的股票投资浪潮。突然间，所有人都可以接触到股市，买股票就是敲击几下键盘的事儿。在 1993 年，第一只交易所交易基金（ETF）——标准普尔 500 综合指数预托证券（SPY）出现了。它们像股票一样可以交易，同时又像共同基金一样拥有一个股票组合。1995 年，股市持续上涨，纽约证交所主席迪克·格莱索（Dick Grasso）让记者在交易大厅进行直播，这在证交所悠久的历史上尚属首次。很快，CNBC 的记者玛丽亚·巴蒂洛莫（Maria Bartiromo）同世界各地的记者一起来到了纽交所的股票大厅。1999 年，美国议会取消了关于投资银行和商业银行分离的限制，从而促成了巨型银行的产生，如花旗银行和美国银行。20 世纪 90 年代后期是华尔街大步前进的时期。

1999 年 4 月，网络券商德美利证券公司（TD Ameritrade）的前身，开展了很经典的斯图尔特（Stuart）广告宣传活动，其他公司也跟进做了类似的活动，以说明赚钱既容易又有趣，不过没有几个广告能像斯图尔特的形象这么深入人心。

斯图尔特是个无所事事的年轻人，留着短短的朋克式发型，做办公室工作。有一天，他正在办公室的油印机上复印自己的脸，老板打断了他并把他叫进办公室。不过老板并没有教训他，而是让斯图尔特教自己如何在网上买股票。

"我们先登录 Ameritrade.com，"斯图尔特对他的老板说，"这可比谈恋爱容易多了！你今天想买点什么，P 先生？"

他买了 100 股凯马特（Kmart）的股票，并问："要花我多少钱？"

"8 美元，老板。"斯图尔特回答。

"可那个交易商跟我要 200 美元来做这笔交易！"老板惊讶地说。

"你要跟上时代潮流啊，我的老板！"斯图尔特答道。

这是多么强势的一股潮流啊！到了 2000 年 1 月 14 日，道琼斯工业平均指数高达 11 722.98 点，18 年里上涨了 1 408.7%。整个国家都和股票息息相关。这一进步是历史性的，许多人在毫不费力地赚钱。然后，互联网泡沫在 2000 年破裂。但是在大家都想明白发生了什么之前，道琼斯工业平均指数收获了当时历史上的单日最高涨幅——2000 年 3 月 16 日一天长了 499.19 点。因此，许多人得出的结论是：还是应该继续留在股市里，因为股价还会上涨。

在那些疯狂的震荡中，企业渐渐改变了雇员的退休金计划。现在无所不在的 401（k）账户越来越多地取代了退休金计划，过去那种为员工提供有保障的退休收入的退休金计划已经基本消失了。例如，IBM（国际商业机器公司）作为一家全球公认的最会管理的公司，在 2006 年果断地修改了雇员的退休金计划。就在 4 年前，其退休金还面临着30亿美元的缺口，在评级公司可能降低IBM的债务评级之前（这将抬高IBM的借款利率），竟然被完全清除了。像其他众多企业一样，IBM几乎把所有的退休金责任推给了雇员。雇员退休后不再有退休金（只有企业的高级管理层仍然享有这个待遇），他们现在拥有的是通过公司的自有401（k）退休金计划来投资股票和债券的共同基金。

卡夫食品有限公司（Kraft Foods）是一家大企业，2010年斥资200亿美元收购了吉百利（Cadbury）公司，成立了一个全球性的食品饮料和糖果集团。但是在收购后，吉百利公司的员工接到通知：如果不放弃退休金的话，他们的工资将会被冻结3年。

这些变化凸显了全球市场严苛的现实，以及股市日益重要的事实。

| 疯狂时代的理智话语 |

游客需要依靠一本导游书的帮助来找到旅行的乐趣。股市的导游书都是由美国顶级的大学写的。尽管其见解常植根于复杂的数学公式之中，但其结论易于理解。其中关键的原则是：别担心股市波动，别试图预测股市行情，市场是不稳定的，但市场会回报那些耐心的、忠诚的投资者。

1965年，在股票还未风靡美国之时，尤金·法玛（Eugene Fama）正在芝加哥大学写博士论文。尽管当时他对华尔街而言只是个无名小卒，但他对股市的独到见解促成了"买入并持有"投资学的兴起。法玛普及了这样一种观点：金融市场是有效的，投资者很难或者不可能战胜市场。"有效市场假说"是他在芝加哥大学撰写的博士论文的主题,他后来留在芝加哥大学任教。其核心观点是股票价格反映了关于股票的所有已知信息。他认为市场中充满了"合理的利润最大化者",也许在技术和税收政策变化之前为普通投资者打开市场大门是正确的。因为股市是一个折旧机制,总是反映着未来的结果,所以法玛认为除了凭借运气以外,人无法战胜它。2003年,他被提名参选诺贝尔经济学奖,虽然最后没被选上,但许多人都把他看作现代金融学之父。

他的观点最后被表述为"买入并持有"投资学,该学说受到共同基金以及部分与普通民众有交集的华尔街人士的广泛推崇。哪个企业不希望消费者别总盯着过去的艰难困苦,而是转而关注未来,最重要的是永远不要停止购买商品呢?同时,很多富人和成功人士都是买入并长期持有的投资者。沃伦·巴菲特是世界上最富有的人之一,他就是一位买入并长期持有的投资者。像巴菲特这样直言不讳、招人喜欢的投资大师使投资变得人性化,似乎每个人都能谈投资、做投资。另一位市场代言人彼得·林奇曾在富达投资旗下的麦哲伦基金公司(Fidelity Magellan)任经理,他在1989年出版了畅销书《选股战略》(*One Up on Wall Street*)。在书中他介绍了一种观点:买你了解的股票。书中其他的观点比这个要复杂得多,但只有这个简单的观点引起了共鸣。很明显,林奇简单的观点很有效,他所管理的富达麦哲伦共同基金棒极了,这是人所共知的。林奇在书的封底写道:在他接管麦哲伦公司后,无论谁在该基金上投资了10 000美元,都将在10年后获得180 000美元,也就是1 700%的涨幅。沃伦·巴菲特的表现则更好,1964年投资于伯克希尔·哈撒韦公司的10 000美元到2009

年会高达8 000万美元。当然，林奇和巴菲特的投资技能超出常人，而我们一般人也不能奢望自己像毕加索一样画出美丽的画或者像史蒂夫·乔布斯一样设计电脑。大多数投资者都面临着一个核心的问题：从来不用一种有意义的方式来思考投资。不过华尔街常常反对这一点。

金融历史学家尼尔·弗格森（Niall Fergusson）曾说："每次我去纽约的彭博新闻社，似乎总是遇见同一类人，他们总是说市场到底部了，又到底部了。"① 这类人总是劝别人乐观、劝别人买入，是股市中很典型的一类人。这样的人从来不会站在著名的华尔街铜牛塑像旁边，因为他太重要了，一刻也不能休息。他总有工作做，总有故事讲。他总是受邀上电视节目，要么引用一句名言，要么分享一点见地，来帮助他人了解股市。为了收回损失并赚更多的钱，很多人接受了这些泛泛之论，再次冲回股市，重新爬上风险的阶梯。

在2007年危机期间，加利福尼亚州奥兰治县的一名记账员林达·布雷（Lindy Blay）发现她的投资组合亏损了30%。到了2009年9月，也就是调整期最艰难时刻的6个月之后，股票开始上涨，让她对股市重拾乐观。她说："这是有记录可循的。股市比任何投资的业绩都好，我想股市会涨回来的。"② 实际上，这就是多数个人投资者的期望和战略，即使历史证明这种方式对于他们的金融健康来说是致命的。

---

① 资料来源："This Much I Know," *The Observer*, January 18, 2009.
② 资料来源：Jack Healy, "Cautiously, Small Investors Edge Back into Stock," *New York Times*, September 11, 2009.

在华尔街，人们赚钱会通过阻碍最小的途径，而从个人投资者手中拿钱是最简单的赚钱方式，因为他们相信自己听到的或读到的。

美国证券交易委员会前主席阿瑟·莱维特（Arthur Levitt）曾说："最简单的事实就是我们正处于金融'文盲'的危机之中。太多人不懂应如何决定储蓄和投资目标，不了解他们的风险承受度，不知道如何选择一笔投资，或选择一个投资专业人士，更不知道向谁寻求帮助。"[①]

令莱维特得出这样一个结论的最基本的证据就是许多人重复在错误的时间买入、卖出股票。他们恐慌，不讲纪律，没有投资原则，甚至根本不了解股票投资的两个基本门派。对于业余投资者来说，价值投资就是购买一只可以分红的股票，而不是选择一家交易价格低于内在价值的企业。这样的企业有"安全边际"，巴菲特常讲这个概念，它揭示了稳健投资的秘密。成长性投资对多数人而言是购买一只价格上涨的股票，而不是寻找一家收入和盈利增长高于行业平均水平的企业。

与此同时，华尔街获利颇丰。想想共同基金的增长率：1960年投资者将480亿美元投资在270只共同基金上，截至2007年，有超过12.4万亿美元投资于8 000多只共同基金上。到了2000年，美联储的统计数据表明近一半的美国家庭持有股票。1990—2000年，美国股民的数量增长了超过50%，这种现象被称作20世纪90年代最伟大的社会运动。1980—2005年，纽约证券交易所的日交易量增加了

---

① 资料来源：Arthur Levitt, "Financial Literacy and Role of the Media"（speech, April 26, 1999）.

3 400%，从 4 500 万股增长到 16 亿股。同期，纽约证交所座位的价格，即交易者如果希望在交易所里做交易需付钱购买座位，从 27.5 万美元上涨到 355 万美元，增长了 1 191%。

美国人高度依赖股市所造成的后果常常被忽视，即每次金融危机的影响范围都会超过上一次。股市停滞不前也会造成同样的影响，因为人们错过了获得投资收益的重要一年。2010 年，标准普尔 500 指数基本停留在 12 年前的水平，到了 2011 年，股市还是没有什么起色，年底的情况和年初一样。所以当务之急就是学会如何有效地规避股市的风险，努力避免未来的危机，或至少是将危机的影响降至最小。

金融危机发生的频率总是比预期高。危机令人震惊，不仅是因为泡沫破灭带来的破坏力，更是因为泡沫破灭造成的心理影响。每次金融危机都迫使成百万上千万的人相信没有什么是不可能的。想要不付定金、不做信用审查就买房吗？2002—2007 年，华尔街为这个"美梦"提供了大笔融资，并使数百万人暂时实现了梦想。人们总想着用新模式进行投资，可旧的思维方式真的不再奏效了吗？华尔街在 20 世纪 90 年代主要向投资者兜售那些互联网企业的股票，这些企业充斥着华而不实的想法，却没有实际的收益，因而无法改变世界。即使是在 20 世纪 20 年代，通过借钱给投资者做保证金来购买股票都还能获得难以置信的高利率。这时的投资被认为是低风险的，因为没人担心价格会停止上涨。在 1635 年，荷兰举国为郁金香疯狂，一些所谓的"投资者"购买一株郁金香球茎的钱抵得上一栋房子的价钱。

金融危机是投资环境中永恒的元素。历史证明了这一点，未来也不太可能有变化。太平洋投资管理公司前首席执行官穆罕默德·埃尔·埃里安（Mohamed El-Erian）认为，未来每隔几年就会出现繁荣和萧条的交替循环,他把这个叫作"新的常态"。他坚信未来会动荡不安,他和他的公司正在质疑过去那些决定如何投资的基本原则。现在,多数人通过分散投资股票和债券来降低风险,这种投资方法几乎可以获诺贝尔奖了,但埃里安和他的基金管理者们首先关注的是风险而非回报。PIMCO最终创立了一只共同基金,它有一个好的投资原则,即总是想方设法不亏钱。这个基金根据风险挑选投资项目,例如,股票可以和投资级的公司债券类比,垃圾债就像小盘股①一样。PIMCO用其分析专长来决定是债券还是股票价值更高,整个投资组合将与标准普尔500指数期权和其他金融工具进行对冲,以确保在每隔几年的不可避免的股市下行中,投资者的损失永远不会超过投资额的15%。

  如果看到这里,你开始想去后院找个好地方把钱埋起来,那请你稍等一下。尽管你无法使股市变成一个友好而慈爱的地方,却能够改变你接触这个市场的方式。建立好的投资原则——首先要想着不亏钱而不是如何赚钱,这是关键的第一步。第二步是了解市场的机制,这与柔道的原则类似:块头并不重要,成功最终属于那些懂得利用对手体重的人。受过良好训练的柔道选手,不管体重多少,经常会掀翻更高大的对手。同样的原则也适用于投资,但是你要利用思想、情绪,而不是身体。想想电影《星球大战》里身材矮小的瑜伽大师尤达吧,从某种意义上讲,投资者就得像尤达一样。

  犬儒主义者会告诉你近期市场的困局是不可超越的,人们都被困住了,实际上不是这样。问问巴菲特吧。"从人的一生来看,成功的

---

① 指总市值较低的股票。

投资不需要多高的智商,或是非凡的商业远见以及内幕消息。"巴菲特说,"需要的是运用稳健的知识框架做出决策,以及不让个人情绪腐蚀这个框架。"[1]

投机大师伯纳德·巴鲁克(Bernard Baruch)成功避开了1929年大萧条的主要影响,就是因为他非常了解这一点。他在1957年写道:"要想摆脱上行和崩溃的经济周期,我们必须把自己从人类长期的惯性中解脱出来,不要从一个极端走向另一个极端。我们应该找到训练有素的思考方式,避免愚蠢的投降和盲目的造反。每当社会因为一些疯狂的原因被危机席卷时,总有些人最先成为受害者,这可不只是运气的问题。"[2]

尽管巴鲁克和巴菲特不是同一代人,但是他们都是市场的长期参与者。那些无所畏惧的投资者,应该遵循巴菲特所说的"框架"来管理他们的投资活动。接下来,让我们一起看看这些框架是如何建立的。

---

[1] 资料来源:Benjamin Graham, *The Intelligent Investor*, rev. ed. (New York: HarperCollins, 2003), ix.
[2] 资料来源:Bernard Baruch, *My Own Story* (Cutchogue, NY: Buccaneer Books, 1957. Reprinted by arrangement with Henry Holt & Co.), 327.

第二章 贪婪

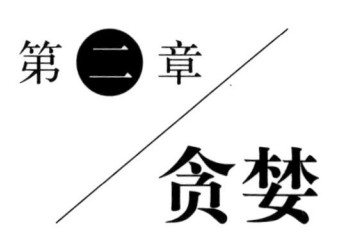

多数人认为自己是长期投资者，即使他们的行为更像是糟糕的商人。当股价上涨的时候，他们会买进股票。他们极少做实质性的评估，以确定自己是否为所购买的股票多花了钱。他们买股票时，想着可以长期持有，或是因为他们相信股价会继续上涨，然后过一段时间就可以卖出获利了。他们从来没意识到这正是华尔街愚弄普通投资者的重要步骤。还有一种具有破坏力的方式就是满含信心地买入股票，然后在恐慌中抛售。

没有人愿意承认他们亏了钱。人们更愿意抱怨股市被非法操纵、银行和对冲基金腐败，而不愿意面对现实：这群想在华尔街赚钱的人大多是"贪婪地进入，恐慌地逃出"。这群人很少能够从股市的兴衰中吸取任何教训。如果从非金融的角度来看，这种行为是非常奇特的。被抢劫的人会立刻采取措施来更好地保护自己，他们可能去参加自卫的培训课程，然后会很快地学会在城市的生存技能。但是人们每天都在华尔街遭受抢劫，却从来不思改变。

在1984年，当美国开始为股票着迷，共同基金、基金会、股权相继产生时，波士顿的金融研究机构大坝公司（DALBAR）开始追踪记录投资者行为。每年一次的投资者行为量化分析研究计算了个人投资者相对股票和债券基准的收益情况，研究结果令人不安。如果一年中股市上涨10%，那多数投资者的投资账户达不到这个水平。大坝公司每年都会做这项研究，投资者收益率大大落后于股市主要业绩基准标准普尔500指数。有些年里，投资者落后市场指数超过10%。债券投资者通常被认为是更加保守和稳健的，但他们的情况也好不到哪儿去，他们的收益率也落后于巴克莱资本美国综合债券指数。

经过20年的研究，大坝公司发现投资者从来不能在市场中停留足够久的时间直到获利。他们持有股票共同基金的平均时间是3.27年，更令人吃惊的是，固定投入投资者甚至更加没有耐心，平均3.17年就赎回投资。资产配置投资者，即持有不同股票和债券产品组合，以降低波动性和风险的投资者相对稳健一些，他们平均在4.29年后赎回投资。很明显，他们并不是真的相信分散投资从长远来看能够带来更大的回报。

如果我们去问问那些接受大坝公司调查的人，或许他们中的多数人会说自己是长期投资者。但是这种表述可能更多的是说他们在股市里待了很久，而不是持有股票或债券很长时间。投资股票30年和持有一只股票30年是不同的概念，多数人不明白二者的区别，这是他们经常不能与市场同步的另一个原因。

在华尔街，5年算是一个重要的时间节点，这甚至只是成功投资的一个基本的基石。一轮市场周期基本要持续5年时间。市场周期包括了股市上涨、下跌、恢复，换句话说，每5年经历一次牛市、大跌和重生。然而，大多数投资者没能在市场中坚持足够长的时间以便从市场周期中获利，他们似乎都是在价格接近顶峰时进入市场，然后同时恐慌，一起卖出，等到价格上涨时再一起买入。

不断上涨的股价是诱人的，很容易使人误认为正在上涨的股票会继续上涨，特别是当银行和主要媒体都成了为股市大唱赞歌的啦啦队时。然而，一旦发生了负面事件，股价大幅下跌，股价上涨的幻觉会立刻转化成亏本的事实。

事实上，对很多投资者来说，普遍的经历是在股票价格迅速高涨并已经达到将要迅速下跌的点时买入股票。在股价上涨时最后进入股市的约20%的资金，是在所有的交易图表、新闻和评论员都用各自的语言鼓吹"某只股票是赢家，将会继续上涨"的时候进场的。在那个时间节点上，那些最先投资这只股票的机构投资者会开始考虑这只股票将会面临各种可能。他们此时已经赚了大笔的钱，通常盈利会超过100%，并且开始考虑卖掉股票，即使他们知道可能会错过最高点。这就是为什么一些共同基金私下里也做对冲基金，这样一来即使他们错过了股票的峰值价格还是能赚钱，通过采取一些策略，不论是股价上涨还是下跌都能增加价值。股票上涨的烟雾通常是由媒体通过纸质媒体、在线新闻或是电视来放出的，各类分析师和主力投资者在股票下跌前把各方注意力都吸引到这只股票上来。这使投资者不关注一些关键的分析节点，比如市盈率过高，或者投资者不认真区分价格和价值。他们就笃定股价将会一直上涨，因为过去就是这样涨上来的。有任何其他想法都很难，因为关于热门股票的评论总是热情洋溢、牛气冲天。这个时候大家都不太担心，那些评论如同古希腊神话中的海妖一般，用美妙的歌声蛊惑人心，引得过往船只不断地靠近，最终撞到岩石上粉身碎骨。

大坝公司的研究表明，多数人不懂如何合理地买入或卖出股票或债券。公司在《2011年投资者行为量化分析报告》中指出："最令人吃惊并且长期存在的一个现实是，普通投资者从来不能坚守足够长的时间，以便从长期投资战略中获利。"详见表2.1。

表2.1　长期投资回报　　　　　　　　　　　　　　　　　　　　（%）

年份	标准普尔500	普通股权基金投资者	差距
1998	17.9	7.25	-10.65
1999	18.01	7.23	-10.78
2000	16.29	5.32	-10.97
2001	14.51	4.17	-10.34
2002	12.22	2.57	-9.65
2003	12.98	3.51	-9.47
2004	13.2	3.7	-9.5
2005	11.9	3.9	-8
2006	11.8	4.3	-7.5
2007	11.81	4.48	-7.33
2008	8.35	1.87	-6.48
2009	8.2	3.17	-5.03
2010	9.14	3.83	-5.31

资料来源：大坝公司《2011年投资者行为量化分析报告》。

大坝公司的持有期数据表明，由于人们需要一定的心理时间对新的机制和模型产生信任，所以普通投资者生存的投资环境与投资和经济周期以及资金流动并不同步，而是滞后于它们。为了打破买高卖低的困局，或者至少是听到市场的真实节奏，我们需要学会去做些与表面看起来正确刚好相反的事情。当别人正在卖出的时候你要买入，而当别人正在买入的时候你要卖出。在你买入股票的时候，必须有一个卖出的计划。

这看起来有点像《爱丽丝漫游仙境》一样奇幻，可却是真的，事情就是这样真实和直接，就像鼻子长在你脸上一样。可以把它想象成一个跷跷板，坐在两端的分别是买入和卖出，风险就是中间的支点，它操纵着买入和卖出升高和降低。当所有人都爱上一只股票的时候，它就开始抬高买入的一端，而买入一端升得越高，风险就越大，投资也是一样。大多数投资者只想到买入，只有当市场下滑时才考虑卖出，此时新闻报道是决定性的时刻，恐慌代替了欢乐，而恐慌销售必然导致快速亏损。

每个人都想赚钱，即使是那些关注风险的人也是如此，但那些优秀投资者首先考虑的是如何不亏钱，而不是如何赚钱，他们制订投资计划时首先是考虑风险而非利润。最好的投资者，是那些通过自律来保持头脑清醒的普通投资者，通过遵守所谓的"卖出纪律"来进行明智的投资。这个纪律很少被人提及，但这是一个决定性的纪律，它关注风险，而且能够保住利润。通过关注风险，投资者迈出了重要的第一步，打破了束缚多数投资者的永恒的繁荣和萧条周期。确切点儿说，华尔街希望投资者永远不关注风险，只关注利润，但是只关注利润不关注风险就相当于临时租赁投资回报而不是长期拥有它。

被誉为"世界上最伟大的交易员"的保罗·都铎·琼斯（Paul Tudor Jones）曾说："你总想处于控制中心，但这属于非分之想，交易的时候首先应该考虑如何保住底线。"他还说："大多数个人投资者和交易员亏钱的主要原因，是他们没有把关注重点放在亏损的风险上，他们需要重点关注手中的钱会面临多大的风险。如果他们能把

90%的时间放在关注风险上,而不是像现在这样把90%的时间用来思考天上如何掉馅饼,那么他们的收益会大增,他们也将会成为非常成功的投资者。"[1]

全球最大的对冲基金桥水公司的创始人瑞·达利欧(Ray Dalio)认为,成功投资的关键就是风险控制。他说:"如果你能理解风险、控制风险,那风险本身就不是问题;但如果你随性而为并且不关注风险,那风险就是大问题了。"[2] 他说投资成功的关键就是要弄清楚:"边界在哪里?我如何能够与边界保持正确的距离?"达利欧通过分散投资来降低风险,他一般有30~40个不同的仓位,他说:"我总是试图弄明白我到底了解多少,因为我永远不会完全确信,所以我不想把赌注放在一处。"

很少有人考虑投资风险,他们只考虑价格,也从不想价值。华尔街没人这么天真,投资通常是个零和游戏,当你亏钱的时候,某个人就赚钱了,赚钱最多的人也是最自律的人。银行和金融市场的管理者才不关心普通投资者发生了什么,他们需要钱就像火需要氧气一样。而那些从不关心风险、贪婪简单的投资者是最便捷的资金资助来源,因为他们总是高买,然后过段时间再低卖。华尔街可以等上几秒钟或几年,来收获"利差",即买入和卖出之差。你永远不会听到有人告诉投资者卖出股票收获利润,如果真听到了,大多数人也不会相信,因为他们觉得有机会赚更多的钱,而这种想法将最终导致亏损,之后

---

[1] 资料来源:*Trader*:*The Documentary*, documentary (PBS, 1987)。
[2] 资料来源:John Cassidy, "The World of Business, Mastering the Machine, How Ray Dalio Built the World's Richest and Strangest Hedge Fund," *The New Yorker*, July 25, 2011.

这种情况会周而复始。

成功的技术股投资人弗雷德·希基（Fred Hickey）说："成功投资的关键在于你不能亏太多。"① 一个务实的关注风险的办法是思考股票的价格和价值，你可以把这个想象成为投资的"冰山原则"。股票的价格就是冰山的尖，暴露在市场上，真实的股票规模和价值则隐藏在视线之外。要想了解这只股票，你得看看背后隐藏的东西。

克里斯·戴维斯（Chris Davis）管理着一家名为戴维斯纽约风险基金的公司，这家共同基金公司是他的祖父在1969年创立的。他说："在金融之外的世界里，人们很清楚地了解价格和价值的区别，最常说的就是'价格是你付出的，价值是你得到的'。但是，在金融世界里，价格和价值被当成了近义词。这几乎成了一种信念，更别说新的会计准则了，它规定了资产价值最合理的衡量标准是其现有市场价格。"② 当你用价格和价值的视角来审视市场的时候，你就会逐渐发现一个"安全差"。这个安全差是个重要的概念，是由巴菲特的老师本杰明·格雷厄姆（Benjamin Graham）提出的。安全差是股票的内在价值和市场价格之差。内在价值是公司根据财务分析得出的价值，它不同于股市的价格。尽管金融分析通常会很复杂并且烦人，但是其思考过程与你去杂货店买东西并没有太大差异。如果你能到其他商店花1美元买到一罐豆子的话，那你决不会在一家商店花50美元买。这个简单的区别到了股票市场往往就变得模糊了。在股市上，几家大

---

① 资料来源："Barron's Art of Successful Investing."Conference Interview, New York, October 22, 2011.
② 资料来源：Davis Funds, Clipper Fund, Annual Report, December 31, 2010.

银行的分析师会给 50 美元一罐的豆子做出强烈推荐买入的评价，并建议卖出便宜的豆子。分析师会发表研究报告，说 50 美元的豆子是全世界最好的豆子，这家企业的管理层才华横溢，消费者需求巨大而且缺口在不断增大。很快，50 美元一罐的豆子的价格会上涨，随着人们对华尔街神奇豆子的兴趣增加，价格逐渐到顶。

而只卖 1 美元一罐豆子的那个公司看起来就比较乏味。很少有分析师会写这家公司相关的报告，就算写的话，内容也主要是围绕年终的盈利报告，里面可能会说这家公司收入增长情况不错，通过增加分红向投资者提供回报，然后简单分析表明股票市盈率大概为 13 倍，远低于华尔街神奇豆子 90 倍的市盈率。很少有人会注意到 1 美元的豆子，人们都希望投钱给神奇豆子。神奇豆子的例子也许听起来有些离谱，但确实表明市场价格由多方力量决定，而有些力量毫无道理，是一派胡言。有一个分析师曾直言，在一些银行，分析师需要帮助他们负责分析的企业增加交易收入。与那些静悄悄、很少炒作的公司相比，神奇豆子的交易过程更有趣。市场价格受到情绪的影响，可以由于恐惧、高兴甚至仅仅是不合理的行为和想法而升高。但资产的价值不等同于价格。

价格易于理解，而价值不是。股票价格通常就显示在一只股票的名签旁边，看起来非常简单易懂。我相信大多数人都同意 4 美元或 40 美元不是一大笔钱。但每股 4 美元的股票在交易中的市盈率可高达 90 倍，也可以低到没有，这就意味着如果用基本价值来衡量，这只股票的价格非常高。相反，如果一只股票的股价超过 200 美元，很多人都会认为比较贵，但这只股票的市盈率是 10，这样一来，通过比较 4 美元股票和 200 美元股票的市盈率乘数，人们很快会认为 4 美元的股票昂贵，而 200 美元的股票便宜。

与价格不同，分析价值需要点思量和一些数学知识。最简单的衡量价值的办法就是看市盈率，市盈率可以很快告诉你一只股票的价格是有溢价还是折扣。盈利情况对于股票的价值至关重要，可以看一看市盈率乘数的跟踪数据来预估未来的盈利预期，相关信息在很多金融网站上都有展示。对很多投资者而言，很难证明用超过盈利 20 倍的价格来购买一只股票是合理的。市盈率越高，投资者期望就越高。这种股票只要遇到一次糟糕的收益报告或是出现问题产品，就会导致价格下跌。快速成长的股票通常有较高的市盈率，因此有必要将这样的股票与相似股票做对比，或是观察行业指数或交易基金。如果一只股票的表现超过了同行业的相似股票，一定要找到原因。这个原因将会决定这只股票的收益究竟是临时的还是可持续的，或者是将要出现其他问题的迹象。

关注价值而非价格，必须成为投资者本能的思考策略，这必须成为一种投资纪律。爱丽丝·沃尔顿（Alice Walton）是沃尔玛集团财富的继承人，也是世界上最富有的人之一。即使她在花 2 000 万美元在苏富比拍卖会上买下一个美国艺术品，用来装扮她在阿肯色州本顿维尔城的美国水晶桥艺术博物馆的时候，想到的也是价值和价格的关系。

沃尔顿说："我的一项重要责任就是明智地管理好我的财富，使其增值。我知道一棵生菜的价格。你必须了解价格和价值的关系，要以最好的价格卖最棒的生菜。"[1]

---

[1] 资料来源：Rebecca Mead, "Alice's Wonderland: A Walmart Heiress Builds a Museum in the Ozarks," *The New Yorker*, June 27, 2011.

投资也是这样。很多人从来不认真研究股票，不从多方面来思考股票。他们从来没有听说过安全差的概念，因为他们在买股票的时候没有做过基本面研究，缺乏对股票真正的信任，所以股票价格一旦下降，他们就会感到恐慌。缺乏信任是致命的，它导致很多投资者难以在股市停留足够长的时间来获得市场周期的利润。买股票的时候，请持有至少3~5年，只要你购买它的原因依然有效，就应该一直持有它；如果原因变化了，就卖掉它。只要能合理实践，买入并持有的投资方式就可以帮助投资者买到价格错配并最终繁荣发展的公司的股票。纪律能够让时间为你服务，而不是与你作对。

但是很重要的一点是要明白股市不是静止的，它在不断变化，情况也在变化。投资股市要不断应对变化。买入并持有的策略有时候有效，有时候也会无效。以IBM、宝洁和强生公司为例，2006年4月~2011年4月，IBM的股票上涨了103%，而宝洁和强生的股票只上涨了13%。买入并持有适用于IBM公司，但不适用于另外两只股票。实际上，要是卖出宝洁和强生然后买入IBM可能更加明智。这不是交易，而是投资，投资的唯一目的就是赚钱。公司的名气位列其次，如果你必须卖掉它，就果断卖掉，永远不要贪恋某只股票。

在华尔街，没人能真正坚持买入并持有投资，至少不是像许多人想的那样做。即使是股市的基准指数，例如标准普尔500指数、纽约证券交易所和纳斯达克股票指数，也会定期更换配股。

很多人错误地认为共同基金是买入并持有的投资方式的典范。一位备受尊敬的共同基金经理罗恩·巴伦（Ron Baron）说过，共同基金股票组合平均7~8个月换一次，而他的共同基金组合每隔5~6年换一次，但有些股票要持有 20 年甚至更久。① 所有的基准指数都会定期更换股票，一个企业被另一个企业所代替，主要是由于企业兼并或是估价下跌幅度太大，因此违反了选股的规则。这种情况经常发生，华尔街将这种情况委婉地称为指数再平衡，也就是指数纳入新股票、剔除旧股票，这些是重要的交易事件。每个人都试图猜测将会加入什么股票，什么股票又被抛弃了。新纽约证券交易所和纳斯达克股指也会定期抛弃一些股票，所有未能满足交易所挂牌标准的企业，在出现估价和其他企业健康数据不满足标准等情况时，股票就要被摘牌。被抛弃股票的标签会被从交易所的交易系统中挪出，不再存在了。所有这些决策都是基于原则和纪律而做出的。

在华尔街，卖出通常是基于事实、规则和纪律做出的集体决策，买入是基于对股票、行业和市场环境的分析。但在普通投资者那里，一切恰恰相反。买入成了集体决策，受到媒体和华尔街的影响，卖出则是孤独的个人决定。

普通投资者没有风险经理替他们关注正在发生的一切，没有交易部主任或是股票组合高级经理替他们关注利润和亏损，没有有经验的声音来质疑一项投资预期过高以至于不可能是真实的，他们有的只是自己和市场，以及长期存在的必须赚钱或是希望赚钱的压力。

每个投资者都应该学习华尔街：买入好股票，然后像好酒一样珍藏。大家都知道 J. P. 摩根的名言："股票市场有波动。"也都知道时间是投资者的朋友。而时间在股市的定义，就像朋友一样，越来越主

---

① 资料来源：Ron Baron, "Barron's Art of Successful Investing," Conference Interview, October 2011.

观。就像第一轮婴儿潮期间出生的人在 21 世纪之初就开始准备退休一样，股票市场也会经历几次大幅度的调整。互联网泡沫在 2000 年破灭，次贷危机始于 2007 年，股票市场直到 2009 年 3 月都没有恢复。到了 2009 年年底，欧洲主权债务危机爆发了，投入标准普尔指数的 1 美元价值约 90 美分。也许未来会不同于过去，但是干吗要冒这个险？许多人确实有时间、有需求、有必要来进行思考。时间是你的朋友，但这并不意味着股市是一个慈善提款机，总能让你提现，每当你缺钱的时候就准备好了让你取钱，要考虑风险，考虑回报。

最艰难的决策

市场上的绝对真理并不多，但有一条肯定是：卖出是任何投资者最难做出的决策。比较而言，买入就很容易。"股票分析师"有 100 万种理由告诉你为什么要买入一只股票，比如收入在增加，利润在增加，一个新产品很快会上市，企业是被收购的目标，股票定价很有吸引力，有重要投资者（比如保罗·都铎·琼斯）准备买进股票等。

卖出是华尔街的精髓，就像买入是普通投资者的精髓一样。华尔街估计永远不会提醒你卖出，那会使企业高管生气，使高利润的投资银行损失业务。所以要想赚钱，要想在市场里真正取得成功，你必须自学如何卖出。如果你不能成为一个守纪律的卖出者，你可能会损失更多的钱，而不是赚更多的钱。

在华尔街，"卖出纪律"决定了市场最高的等级。很少有人讨论这个问题，卖出是一个哲学纪律，更是意志力的表达。没有放之四海而皆准的方法，卖出纪律会因投资方式、时间和很多因素而变化，分为收获利润而卖出和为止损而卖出。市场如此之大，它可以通过不同的方式进行调节。一些方式与另一些方式有着本质区别，但有一条重要的相似：纪律。成功的投资者和交易员总是不同意对方的观点，但他们都坚持自己的纪律，没有纪律的市场参与者是赌徒。你必须将卖出视为一种风险管控的途径，就像是车险一样——开车可能会出事故，而保险可以止损。

卖出与股市的时机无关。卖出是关乎管控你自己的投资组合风险而做出的决策，要与市场保持持续的联系，确保你买入股票的原因，也就是你的投资理论，仍然有效。过一段时间，你要制定并完善个性化的卖出纪律。其中有一些卖出纪律是简单的，还有一些是复杂的，但所有的纪律都有共性，那就是——帮助止损并锁定利润。

传统的卖出股票的方式是告诉你的中介，如果价格下跌10%就卖出股票，这是"止损订单"。现代的方式是与你的网络中介签订合同，如果你买进股票的价格是50美元，那么如果价格下降到45美元，下跌10%，就会自动卖出股票。一些投资者随着估价上涨会持续更新止损订单，这样他们总是能够保护自己免遭市场灾难。如果你50元买进的股票现在价格是100美元，而止损订单为90美元，那么可以保护你收获几乎所有的收益。但并不是所有人都喜欢止损订单，因为它可能会减少某只股票的收益，如果它是因为暂时的原因下跌的，比如2010年5月美股的闪电崩盘（当时股市在20分钟内迅速下跌1 000点），那么之后必将再次升高。

钢铁侠

对于摩根大通的荣誉副主席艾伦·格林伯格（Alan Greenberg）而言，卖出是个简单的决定。他从不认真思考或者担心他会在未来赚多少钱，只担心现在正在发生什么，而且确保别亏钱。他说："当市场上涨，或者市场没有变化，但是我买的股票在下跌时，我会把它卖出去。"① 他完全不会情绪化，也从不贪恋他的股票，如果不喜欢某只股票的表现，就把它卖了。他说，他在职业生涯的早期就学会了说"我错了"，他认为承认错误是不可或缺的投资原则。

这听起来容易，但做起来很难。许多人很难面对错误，特别是当他们亏了钱的时候。他们希望股价能再涨回来，然后就能实现收支平衡了。什么都不做往往非常昂贵。他们宁愿持有一笔糟糕的投资，祈祷它快点获利，也不愿意果断卖掉它然后亏钱。卖出会伤人，在心理上和财务上都是如此。根据心理学家丹尼尔·卡尼曼（Daniel Kahneman）曾提出的损失厌恶理论，损失带来的痛感是收益带来的快乐的两倍。

格林伯格的第一位老师叫伯纳德·拉斯克（Bernard J. Lasker），他是纽约证券交易委员会前主席，教给了格林伯格卖出纪律的美德。格林伯格说："他代表性的指导意见是，如果股票上涨了一个点，那就再给我买一些；如果股票又涨了一个点，给我打电话问问我的意见；但如果股票下跌了两个点，赶快卖掉。这种理智而简单的建议成为我长期投资理念的主要来源。为什么没有更多的投资者来拥抱这种投资理念呢？"② 因为拥抱希望比面对现实更容易，所有人买入股票是因为他们相信股票价格会上涨。如果下降了，就是出现了错误。希

---

① 来自 2011 年 3 月 14 日与作者的对话。
② 资料来源：Alan C. Greenberg, *The Rise and Fall of Bear Stearns*（New York：Simon & Schuster, 2010），33.

望和现实的冲突经常使人麻痹，他们不去分析失误，而是继续坚持希望。他们害怕卖出股票，因为股票有可能上涨，他们不希望错过这个时机，或者他们总想着找平。

卖出看起来很直接，但这在心理上会产生阴影。贾斯廷·马米斯（Justin Mamis）以前是纽约证券交易所的交易员，他在1977年写了一本关于卖出股票的书——《何时卖出》（*When to Sell*），也许这是市场上唯一一本此类内容的书。他说："人们希望在完美的时刻卖出股票。"① 当格林伯格掌管贝尔斯登公司的时候，他创建了一个风险委员会，这个委员会每周一开会，目标是维护机构资金的安全。格林伯格要求所有的交易员卖出亏损的仓位。他曾说："我不管我们会亏损多少，但是到了周一下午4点，最好所有的落水狗都已经从账本上被剔除了。"

格林伯格不喜欢借口，不喜欢不作为。为了防止他的交易员贪恋某只股票或是债券，他要求交易设限，限制任何人投资于一只股票或债券的总额度。

有的时候，贝尔斯登的交易员会继续持有那些亏损的股票，他们告诉格林伯格那些股票就要上涨了，因为投资者会议很快会召开。在华尔街，投资者会议被看成牛市的前奏。很多投资者在投资者会议召开前买入股票，等到公司管理层发布新产品上市或更新收益指南等消息时卖出股票，但格林伯格不在乎这些。

格林伯格曾对他的一位交易员说："你觉得他们会说什么？这就跟问一位爸爸他女儿长得如何一样。"他告诉交易员可以在一周后再

---

① 来自2011年3月24日与作者的对话。

把股票买回来。① 当然，他们很少这样做，格林伯格很少买回他卖出的股票。格林伯格不相信"美元成本平均法"，这是一个传统的战略，就是在价格下跌的时候买进更多股票，他说："这种做法意味着，当一家企业申请破产的时候，你将成为最大的股东。"

那他有没有犹豫过？从来没有。他讨厌损失，他说损失会影响思考的能力，而清醒的思考对投资至关重要。格林伯格认为："损失令人痛苦，使人不能直接思考。它使人愤怒，就像他们拥有的东西遭受了损失，他们无法等到情况改善。"②

压力确实是一个很重要的限制力。葡萄牙米尼奥大学 2009 年的一项研究表明，压力会影响大脑的思考能力。研究员努诺·苏萨（Nuno Sousa）让老鼠暴露在巨大的压力下。他吓唬老鼠，把它们沉到水里，或者放在关着大老鼠的笼子里。他把这些可怜的老鼠和没有遭受到压力的老鼠做对比。压力下的老鼠能够做一些简单的任务，例如压杆获取食物，但它们不能决定什么时候停止，而正常的老鼠就可以。苏萨说："受到压力的动物与正常的动物相比，动作会更快，但糟糕的是，受到压力的动物不能根据目标决定行为，而目标决定行为是更好的方式。"③

斯坦福大学药品神经生物学院研究压力的生物学专家罗伯特·萨博斯基（Robert Sapolsky）指出，苏萨的研究提供了一种模型来理解

---

① 来自与作者的对话。
② 同上。
③ 资料来源：Natalie Angier, "Brain Is a Co-Conspirator in a Vicious Stress Loop," *New York Times*, August 18, 2009.

为什么人们一再犯错。① 这些建议可以帮助人们结合实际情况来强化智慧，做出卖出的计划。市场总会遇到糟糕的时候，要懂得如何应对才会有所助益。

格林伯格的原则帮助贝尔斯登公司成长为一家重要的公司——华尔街第五大投资银行。他的纪律也帮助他避免了贝尔斯登在其下一任的管理下因覆灭所带来的亏损。2008年，摩根大通以每股10美元的价格收购了贝尔斯登，而格林伯格的亏损并不多。按照他的投资纪律，他在贝尔斯登估价较高时卖掉了几乎所有股票。

|阿特拉斯不耸肩| ②

丹·赖斯（Dan Rice）是美国著名的共同基金经理，他对投资的意义相当于贝比·鲁斯（Babe Ruth）③对棒球的意义。但是赖斯是个安静的明星，当他买入一只股票的时候，他已经决定卖出，他不是想要收获几个点的收益，而是希望能够赚50%或者更多。他很安静，对自己的分析很自信，他实事求是地说："我们清楚地了解这家公司的价值，等它的价格接近我们的目标价位时，我们会开始再次审视，看是

---

① 资料来源：Natalie Angier, "Brain Is a Co-Conspirator in a Vicious Stress Loop," *New York Times*, August 18, 2009.
② 美国小说家安·兰德在20世纪曾创作了一部巨著叫《阿特拉斯耸耸肩》，小说宣扬金钱至上的思想，探讨了理性利己主义的道德性，1957年刚出版时曾遭遇恶评，却异常畅销，在美国的销量仅次于《圣经》。阿特拉斯是古希腊神话中的擎天巨神，被宙斯降罪用双肩支撑苍天。
③ 贝比·鲁斯是美国职业棒球运动员，是同拳王阿里、球王贝利、飞人乔丹相比肩的传奇人物，有"棒球之神"之称。

否发生了重大变化。如果情况没有重大变化，我们将卖出股票。"①

赖斯管理贝莱德公司的能源和资源基金。贝莱德公司管理着超过3万亿美元的资产，每年，赖斯的业绩都会超过标准普尔500指数。2001年4月中旬至2011年的10年间，赖斯的基金盈利517%，而标准普尔500指数只涨了38%。如果你在2001年给赖斯投了10 000美元，那么到了2011年你将获得61 718美元。而同期同样的投资如果给了标准普尔500，那么你最多能够实现收支平衡。赖斯持有股票的期限一般是3~4年，很少提前卖出股票。但他不教条，如果环境的变化影响到了他的股票，比如预想中的油井没有挖出来，赖斯就会卖掉股票。他不会受到短期市场波动的影响，他的决策都是根据认真的金融分析做出来的，这给了他坚定的信心，不会受到市场波动的惊吓。

他说："我非常关注基本面，如果股票下跌我通常会再买一些，而多数投资者恰恰相反。如果股票下跌，他们会由于恐慌而卖出股票，所以95%的时间他们在亏钱。"

相比较而言，个人投资者不像机构投资者那样依赖基本面分析。一项调查表明，他们在决策时更关注技术分析和订单流向，而不是基本面。

如果市场上涨但他的投资价值下降时将会发生什么呢？他不会恐慌，他说他"盲目地忠实于"他的模型。他也关注风险，每周都会拿到一篇关于他的风险状况的总结报告。比如，如果短期利率升高50个基点（1个百分点包括100个基点）会发生什么？如果石油价格

---

① 来自2011年3月28日与作者的对话。

上涨或下降会发生什么？如果货币市场波动导致股市上涨或下降该怎么办？

赖斯不受情绪的控制。他把自己培训得可以与风险一起生活，关注风险，研究风险。他不会被金融市场打败，这种自信可能从另一个角度证明了他自己的经验和对市场的分析。但是如果环境变化了，他也会变化。赖斯说："我从不和某只股票结婚。"如果情况变了，他可以在一夜之间从组合里没有现金转变到组合里的20%为现金。他说："如果我没什么要买的，我就开始存现金。"

战士哲学家

罗伯特·阿诺特（Robert Arnott）是华尔街神圣现状的破坏者。他站在前沿，思考如何更加有效地投资巨额资金。他掌握了传统的投资组合管理技巧和现代的理念，即使面对诺贝尔奖获得者他仍十分自信，很多世界上的顶级投资者都认为他是个聪明人。他的观念正在改变股票和债券组合以及指数的管理方式。对于任何远离华尔街的人，这可能不是什么重要的事情，但在金融圈里，组合管理是市场的精髓。

阿诺特创造了基本指数的概念。虽然这个名称的意思比较模糊，但是它打破了传统资金管理行业的秩序，为个人投资者赚钱和管理风险提供了方法。

先介绍一点背景：股市分为不同的行业。职业投资者根据不同行业的股票市场情况以及标准普尔500指数来衡量他们的投资收益。标准普尔500指数主要是基于500只在美国运营的最大的公司的股票，它是市值加权指数的典型代表，也就是说成员是根据市值确定的，即一个企业售出股票的总价值。而阿诺特和他在研究机构的同事认为这种老办法有缺陷。他们以及市场上最为成熟的投资者都认为，股票价格可能上涨得过快过高，但是最终都会回归公允价值。换句话说，投资者可能对某只股票非常热衷，然后把股票的价格炒高，甚至高出了股票的实际价值。

还有一种方法是将股票和债券价格比作一根橡皮筋。如果投资者认为一家公司的收益上涨迅速或者出于其他原因而大量买入股票，那么股票价格就会上涨，橡皮筋就会绷得很紧。但不可避免的，橡皮筋总会弹回来，这种情况被称作回归中值，也就是从高价回归到公允价值。阿诺特不反对市值加权指数，他甚至认为这是衡量市场表现的很好的指数，他只是不认为这些指数是衡量投资绩效的好标准。

他的方法是基本面指数，这种方式切断了股票和债券的价格与组合权重间的关系。根据他的标准，股票和债券价格上涨后就将其卖出，然后买入其他较低价格的证券。简言之，阿诺特的方法就是高卖低买。

他的主张是不是只考虑市场价格，而价格是大多数人用来评估股票的主要标准。阿诺特的分析还包括深入研究一家企业的财务状况，他的方法能够深入了解公司财务健康的基本情况，他主要观察一家公司5年间账面价值、收入、现金流、总销量、总分红、总雇用人数的平均值。5年对于华尔街是非常重要的时间节点，我们之前说过了，5年是一个市场周期。

其他的指数还包括企业的规模，而这个有可能误导投资者。苹果公司和纳斯达克100指数可以充分证明为什么这一项可能会扰乱指数效果。在2011年，苹果的股票价格在影响指数变动方面大约占20%的权重。如果苹果股票价格上涨或下跌，指数也会随之变化。一些人就由此推断指数变动代表了排名前100的技术股票的健康状况，但是他们错了。苹果公司对股指的影响超过了其他的技术类公司，因此纳斯达克100指数最后重新调整了权重，来降低苹果公司的过度影响。

阿诺特将股市情绪的影响权重降到最低，他认为大众总是高估那些股价过高的股票，低估那些股价过低的股票。他的方法听起来似乎很有道理，但是很多人从心理上难以接受。他们宁愿在股价上涨时持有股票，也不愿在股价下跌时买进股票。

但历史数据给我们讲了一个不同的故事。

1962—2004年的43年间，包括了牛市和熊市，也包括了互联网泡沫的破灭，阿诺特用他的基本面指数赢了美国股市。他在世界上23个不同的股票市场试用了这种方法，均获得了超过平均值的利润。

所有人都可以执行阿诺特的"基本面指数"原则，可以把这个过程看作"低效的市场交易"。

阿诺特说："我的方法是持续不断地调整组合中的股票，研究哪些股票相对于长期预期而言是便宜的，哪些是贵的，然后再考虑哪些是受欢迎的而且不贵的，最终卖出那些价格上涨的股票，买进那些目前看不受欢迎的股票。"[①] 很多成熟的投资者每季度会重新调整一次投资组合，卖出上涨的股票收割利润，买入没有上涨的股票，这种做法需要强大的心理素质。

阿诺特说："那种认为市场价格一定正确的观点几乎是完全错误

---

① 来自2011年3月14日与作者的对话。

的。要想获得长期投资回报或是打败市场并不难,但是要去做别人认为是愚蠢的事情确实很痛苦。当其他人被吓坏了的时候你必须贪婪,而当其他人贪婪的时候你必须感到恐惧。"

动物园里的猴子

库尔特·冯内古特(Kurt Vonnegut)比大多数人了解投资心理。这位作家经历过大萧条,在他的小说《第五号屠宰场》(*Slaughter-house Five*)中,冯内古特描写了外星人把两个地球人抓到他们的星球,关进笼子里,摆上一个显示股票和大宗商品的显示屏、一个新闻提示器,以及一部可以联系地球上的中介公司的电话。外星人告诉这两个地球人,将给他们100万美元做投资,他们必须在笼子里好好管理这笔钱,来确保他们回到地球上时能够富有。很多地球人跑来观望。

冯内古特写道:"电话、大显示屏、提示器当然都是假的。它们只是一些模拟设备,主要是使地球人为之上蹿下跳,欢喜或得意,生气或扯头发,或是恐惧,像婴儿在母亲怀里一样心满意足。"

这两个投资者甚至试图向更高级的力量祈祷。冯内古特写道:"他们在橄榄油期货上亏损了一小笔钱,所以他们急忙祈祷,他们的祈祷有效果了,橄榄油价格上去了!"[1]

艺术源于生活。专业投资者看业余投资者就像冯内古特笔下的描述一样,这也许会吓到很多人,也许还会冒犯他们。当然,大家都认为自己是合理的、稳健的、聪明的。也许在非金融领域你确实是这样,可

---

[1] 资料来源:Kurt Vonnegut, *Slaughterhouse Five* (New York: Dell Publishing, 1968).

一旦涉及钱，人们就开始考虑很多方面的信息，其中一些非常复杂。他们本来能够做决策和解决问题，但是一旦进入金融领域，清晰的思维就会四分五裂，情绪最终会战胜理智。因为所有人在买入时都有计划，但卖出时没有计划。也就是说多数投资者和赌徒差不多，他们没什么原则，总是关注市场错误的一面，而且他们一错就会错很长时间。

所有人都会与贪婪作战，但是业余投资者，特别是那些受过高等教育的业余投资者常常很难掌握成功投资的技巧。一个硕士，别管是什么专业，也许是从医学或法学院毕业的高才生，就是他们在为那些股票交易所的专家支付孩子的教育费或是海边的豪宅款。这是有原因的，可能原因不太有趣，主要是因为没有掌握成功投资的技巧，一个衍生品交易所的交易员可能比心脏外科医生赚得多。具有讽刺意味的是，多数人都认为是其他人做出了错误的决策，即使经历了各种涨跌，他们仍相信自己才是理智的投资者，如果要指责的话，要么怪华尔街太狡猾，到处是蟊贼，要么怪对冲基金和银行的恶棍操纵市场。人们从来不检视他们自己犯下的错误以及犯错的原因。股市就是那么狡猾，这可能是多数投资者年复一年地在股市和债券市场上赚不到什么钱的原因之一。利润差就像是一种金融界的两极秩序，没有经验的投资者总是因贪婪而过度兴奋或因恐惧而感到压抑，但勇敢坚定的投资者永远不会轻易被贪婪或恐惧带入歧途。

| 行业环境 |

当然，要采取和大众相反的方向来操作绝对不容易。我们都是社会人，我们需要友情和社群的情感支撑。大多数人不会想要去做其他人不愿做的事情，这一心理因素影响了人们的投资行为。

华尔街最擅长利用人们的从众心理。它的作用就是像抛弃旧车一样清除存货。旧车生意里常说一句话：总能给座位找到一个屁股。在华尔街，所有的东西都是用来卖或是租的，即使是买进并持有股票——那些你想留着给儿孙的产品也是一样。你的中介公司按惯例会把这些股票借给卖空者，后者将其卖出，因为他们认为他们能够在低价时买回这些股票，然后把中间的差价装进腰包。

你不能指望分析师告诉你何时卖出股票收割利润。银行分析师可不想惹恼了他们负责的公司的高管，那会让他们的企业损失有利可图的投资银行业务。此外，几乎所有的分析师都靠这些高管来拿到内部信息，如果惹怒了高管，就没有途径取得信息了。那些银行花钱请来给股票做评级的机构更不会触犯公司管理层。因此几乎所有的股票在所有时段都被贴上买入的建议。

当然，银行也知道这不全是真的，也很关心它们的钱是怎么用的，于是聘请了风险经理来监测所有交易员的投资，计算机系统都设定了防止重大损失的交易程序，这就凸显出了华尔街和普通投资者的本质差别。

一般的投资者只考虑买入股票，然后看着价格上涨，这是很多人在股市上遭受挫折的重要原因之一。他们的想法过于简单，只想着赚钱。有人曾经问那个著名的银行劫匪威利·萨顿（Willie Sutton）："你为什么抢银行？"他回答："因为钱在那儿！"多数投资者的逻辑也是这样的。这种想法必然导致失败，就像威利会被抓住关起来一样。专业的投资者都会从风险调节的角度来思考问题，他们会根据市场基准衡量自己的投资业绩，这样可以帮助他们控制情绪，从而能够及时卖出股票，锁定利润。

尽管基准指数存在一定的瑕疵，那些专业管理资金的人还是会根据整个股市的基准评估自己的业绩，或者通过观察子行业的平均水平，例如石油、技术和医药等行业的基准，来评估自己的业绩情况。整个市场会被细分，一个最普遍的做法是全球行业分类标准，这个标准将股市分为 10 个部门、24 个行业群、68 个行业和 154 个子行业。具体细节我们就不深究了，多数人只要关注标准普尔 500 指数，就可以很好地衡量整个股票组合的业绩和行业回报率。如果你持有摩根大通的股票，你可以对比标准普尔 500 指数中的精选金融股指，这是一只包括多只金融股的交易型基金。标准普尔 500 指数下的金融股指部分可视为行业代言，用它的表现来衡量金融股的回报，然后做出是否卖出的决定。如果你的股票上涨了 40%，全行业涨了 10%，而标准普尔 500 指数只涨了 8%，那你一定要认真研究为什么会出现这样的偏差，而后根据掌握的全面信息，决定是买入还是卖出。

关键是要采取策略，定期将投资情况与市场对照，至少每 3 个月要对一次，这将会使你放弃那种认为你买入的股票是独一无二的错误观点。没有什么东西能够永久脱离市场的"地心引力"。最终，较高溢价的股票总是面对更高的下跌预期，或是因为更大的卖出压力而从其高耸的神台上跌落下来。

脱离基准的一些重大的溢价或是折扣都是市场对于买入或卖出的暗示。很多人永远看不到这一点，他们更愿意跟踪他们的股票价值。如果股票价格上涨了，或者总投资价值上涨了，他们就高兴。他们也许会关注利润报告、投资评级变动或是行业的发展状况，其他的就不太关注了，他们甚至从来不用风险评估的方式来考虑其投资收益。这样的人需要问问自己:"我已经在投资上赚了40%,现在,我正在用我的3万美元现金利润进行风险投资,我还希望赚多少?"至少,他们应该想想卖出足够的股票来提出他们的原始投资,因为从那时起,他们就是用市场里的钱来玩了。

格林伯格说:"如果一个人以20美元的价格买入股票,而后涨到了22美元,他们每两个月赚10%,一年赚60%,那么他们会继续持有这些股票。"① 他们不卖股票的原因是他们认为10%的增长率标志着今后会有更好的涨幅。有些时候,好机遇再没有来;有些时候,他们亏钱了。

当你感到自己变得贪婪时,可以对比一下10年期的美国国债收益率。这会告诉你,你在不承担任何市场风险的情况下可能获得的收益。请记住,你赚了多少不重要,重要的是你最后剩下多少!

| 沃伦·巴菲特的危险 |

每当有人怀疑买入并持有的投资方法可能存在问题的时候,沃伦·巴菲特就被拿出来当作挡箭牌。这个伟大的股票投资者让买入并持有投资成为一件容易而自然的事情。当然,如果你选对了股票,当然要买入并持有。

然而真相是,即使是这位"奥马哈圣人"也要卖股票,调整投资仓位,甚至改变主意。他最常被引用的一句名言是"我最喜欢的投资期是永恒",这句名言使他头上的光环更加明亮,并且模糊了其

---

① 资料来源:Greenberg, *Rise and Fall of Bear Stearns*.

他的事实。巴菲特很少对外说卖股票或是错误的投资决策，他只把这些写进了企业文件里，他掌管的伯克希尔·哈撒韦公司要向证券交易委员会报送这些文件。这些报告通常枯燥难懂，不像他的致股东的信那样受到金融媒体的热捧。

真相是买入并持有并不像看起来那么容易，很多人误解了这个概念，并且使用效果也很糟糕。

理想状态是，你每次买入股票时都像伯纳德·巴鲁克一样，他在1929年的经济大萧条后闻名全美，他就是那个时代的沃伦·巴菲特。巴鲁克在股市的成功主要是因为他在股票价格上涨的时候卖出了股票，从而躲过了1929年的大萧条，然后成为威尔逊总统、罗斯福总统和杜鲁门总统的顾问。

巴鲁克在回忆录中说："人们面对利润和亏损时一样难以接受，如果股票价格上涨，他希望一直持有以等待价格进一步上涨；如果股票下跌，他也希望继续持有以便当价格涨回来的时候，他至少能够不赚不亏。明智的做法是当股票价格仍在上涨的时候卖出，或者，如果你犯了错误，赶紧承认，然后接受损失。"[1]

| 失败的价值 |

如果你是低于买入价卖出的，那么要保持坚强和勇气，这也许是你学习到的最佳的投资教训。苏世民（Stephen Schwarzman）建立黑

---

[1] 资料来源：Bernard M. Baruch, *Baruch*: *My Own Story*（Cutchogue, NY: Buccaneer Books, 1957. Reprinted by arrangement with Henry Holt & Co.），259.

石集团（Blackstone）不久就遭遇了这么一桩事。他刚刚建立起第一只投资基金，听从一个合伙人的建议买了一只钢铁营销公司的股票。当时，黑石集团没有制定投资程序，这个交易很快就出了问题，尽管苏世民尽力降低损失，但是他从来没有忘记亏钱的感觉，他甚至做了一个有机玻璃的墓碑来纪念这第一桩糟糕的交易。他把这个小墓碑放在办公室里，每次他做决策时，都会想想那次糟糕的生意。① 他最初的错误改变了他的职业生涯，苏世民说："你如何对待失败，这很重要。有些人假装失败没发生过，他们继续工作，不注意总结教训。这些人认为：我们不过是在某一个交易上亏了钱。我不这么认为，我爱学习，有时你从失败中能学到更多的东西。"②

黑石集团是世界上顶级的投资银行之一，它将失败当成一件大事来对待，所有的失败都会被认真研究，让人冥思苦想。苏世民说："当我们失败的时候，我们就花大量的时间来研究：我们哪个地方做错了？我们应该注意些什么？我们的流程合理吗？我们是否找错了潜在风险点，才导致了失败？或者是我们找对了风险点，但是没有准确评估风险点的影响，使我们犯了错误？也有可能仅仅是因为我们运气不好，一生当中总有个三四次运气不好的时候，刚好它们在短期内同时发生了？"

苏世民曾经以为他的企业不会犯任何错误，这依然是企业的目标，但是他本人认识到自主决策总是要做出一些错误的决定。他说：

---

① 资料来源：Schwarzman's Worst Trade, CNBC Interview, October 21, 2010, 8: 48 a. m. http: //video. cnbc. com/gallery/?video=1620962907.

② 资料来源：Stephen Schwarzman, guest lecturer in a Robert Shiller class at Yale University (lecture, April 11, 2008).

"我认真思考过这件事，也许我们能保证90%~93%的决定是正确的，也许比率还能更高一点点，但是这还是意味着我们错了很多。整个公司可能会出现5%或是7%的失误率，我们必须一直努力改进，最后将失误率降至接近于零。所以，失败值得认真研究学习。"

多数人为成功而庆祝，但是真正的教训，关于投资决策的真实反馈，往往来自失败。不要浪费失败，用它们来改良卖出股票的原则，从而实现利润或者减少损失，管控风险，获得回报，这将会确保你不会成为诗人拜伦所说的那种"被时间与恐惧操纵的傻瓜"。

第三章

恐惧

最好的投资机会往往伴随着恐惧，这是亘古不变的事实。在19世纪罗斯柴尔德家族统治了欧洲的金融市场之前就是这样，据说这个银行家族是在很久前的某次战争中发家致富的，他们的名言就是："当鲜血还在大街上流淌的时候就开始买入，即使那血是你自己的。"

这个逻辑从2 000年前到现在一直适用。只要股票、债券和衍生品还在交易，这个逻辑就会一直适用。那些学会利用自己的恐惧和别人的恐惧的人会赚钱，而其他人则会亏钱。这个令人毛骨悚然的市场动态将会在其他人恐慌的时候稳住你自己。

这个逻辑简单、奇特且令人叹服。投资者模拟金融市场，通常会变得太过贪婪或是太过恐慌。就好像卖出可以保住利润，保护你不受到泡沫影响一样，恐惧是牛市的代言，而贪婪最终会破坏掉整个投资。

2009年2月和3月是2007年次贷危机开始以来最糟糕的两个月。这段时期也标志着大多数人从此错过了史无前例的股市狂欢，因为现代金融世界似乎开始终结。美国的次贷危机蔓延到全球，破坏了美国、欧洲和亚洲市场的稳定。许多投资者,包括一些相对理智的投资者,购买了高端的共同基金,而这些产品包含着复杂的抵押品。所有人都认为房价会一直上涨,所以他们忽视了风险,忽视了一旦房价下跌这些光彩夺目的住房抵押投资就会崩盘。当然,房价最终下跌了,这些抵押品组合爆裂了,就像是一个全球性链条一样,爆裂威胁到了世界上许多银行和经济体的稳定,一些银行变得资不抵债。摩根大通救助了贝尔斯登,后者在当时是全美第五大投资银行。而第四大投资银行雷曼兄弟则宣布破产,全美的商业银行哀鸿遍野,人们失去了家园。一些人直接弃贷,因为贷款已经大大超过了房子的实际市场价值。就连通用电气,一家由托马斯·爱迪生于1890年建立起来的公司,长期以稳定著称,也面临着资不抵债的风险。所有人都在卖出股票和债券,把钱变成现金或黄金。市场情绪一片悲观,华尔街的交易员互相发电子邮件传递各种小道消息。很多人动用了房屋净值信用贷款,因为他们担心银行会停止放贷。有一位对冲基金经理在家里放了一个巨大的保险柜,他以房屋净值信用贷款贷出30万美元,然后把现金锁进保险柜里。

金融崩溃的恐惧感无所不在,但是有些人意识到这是个一生难求的投资机会。许多蓝筹股,比如美国运通、通用电气、摩根士丹利、高盛、富国银行的股市交易价格都低于价值。买入这些股票将获得重要的安全边际,这是巧投资的重要理念。许多公司的交易价格都等于或小于账面价值,即一家公司失去了业务,还完了债务后还有账面余额。比较账面价值和市场价格是确定企业真实价值和股市股价差异的好办法。很多人忽视了账面价值和股票价格之间的差距,他们恐慌,继续卖出。一旦有人控制了他们的恐惧,判断出最糟糕的情况已经都计算在股价之内了，他们就开始建仓，加倍投资。

由于美联储采用了非传统手段，以及其他央行共同采取措施降低利率，到了2010年夏天，金融危机最糟糕的时期明显已经过去了。在这个时候，一位共同基金经理克里斯·戴维斯拿起了笔。戴维斯的纽约风险基金由于投资了美亚保险公司而遭受巨大损失，这是一家全球最大的保险企业，最后被美国政府和美林公司救助，而后者因走错了这一步最终被美国银行低价收购。他给股东写了一封信，告诉他们，他本来可以做得更好，尽管自股市低潮以来，他的基金价值已经上涨了100%，而股市均值上升了90%。戴维斯本可以用收益来证明业绩，而且没人会质疑他的才华，但是他没有。戴维斯说："我们在金融危机期间犯的最昂贵的错误，就是当其他人恐慌的时候，我们没有大规模买入。"[1] 他指的是富国银行。在危机最严重的时期，这家银行的股价跌到了每股8美元左右。美国运通跌到了10美元左右。当时，很多理智的投资者感觉金融股可能还会再跌，但结果不是这样的，金融股股价停止了下跌。戴维斯说："如果我们每个仓位的基金增加约1%，我们就能弥补从美亚保险公司遭受的所有损失。这种被忽视的错误很少被讨论，然而之前的经历证明，它们对于长期投资而言非常昂贵。"[2] 到了2011年5月，富国银行的股价涨到29美元，上涨约260%，美国运通的股价上涨了400%，达到50美元。这些收益表明，恐惧经常是通往机遇的康庄大道，恐惧是投资者的朋友。你必

---

[1] 资料来源：Davis New York Venture Fund, Annual Review, 2010, 7, http://davis-funds.com/downloads/DNYPMComm4Q10.pdf.

[2] 同上。

须掌控恐惧，否则将被恐惧绑架。

坏消息会令没有经验的投资者感到恐慌。他们停止思考，开始有所反应，于是个人理智没有了，整个群体一起行动，所有的股票都被看成是糟糕的，没人去思考每只股票的优势。在调整期，所有人都冲向同一个门。大幅下跌改变了市场的基本构成，人们根据对市场新闻的情绪反应来卖出股票，并且人们的情绪反应又因大众行为而加剧。恐惧使理智的人忽视决定股票价格的财务现实。当恐惧代替合理分析成为定义股票的关键因素时，往往会引发行动，多数人想卖出。而正确的做法恰恰相反，这个时候他们应该买进。这里面有一个市场真理：恐慌时买入，自信时卖出。好的交易员和投资者就是这样做的。这种看似奇怪的规则为胆大的人创造了利润，同时为那些恐慌抛售的人带来损失，这条规则也能够帮助大家将损失降到最低。自然的趋势是当股市大幅下跌时卖出，但是如果你因为某个具体的原因买入股票，例如分红、销售量上升、企业财务状况好等，那么当其他人恐慌销售时你就没有必要恐慌。你卖出就等于是低价卖出你高价买入的东西。谁获利？华尔街！谁亏损？你自己！

如果股市下跌，而你又没能提前预见这次下跌，那么最好的办法是什么也不做，坐下来，忍受痛苦，耐心等待，你通常会因耐心和情绪管理而得到回报。

道理很简单。大规模倾销通常意味着所有人都在卖出，一旦没人卖出，股价就会停止下跌，即使最少的买入也可以提振股价。所有这些做法看起来不太理智，但是它就是所谓的"逆向思维"，这是重要的智力和情绪管理原则，贯穿了整个金融市场，影响了许多优秀的投资者。

逆向思维者经常与其他人做出相反的举动。不过一些精明能干的投资者会说他们不是逆向投资者，他们只是不在乎其他人做什么或是想什么，而只关注自己的研究和分析，几乎不在意周围发生了什么。

神经科学专家，同时管理着有效边界顾问公司（Efficient Frontier Advisors）资本运作的威廉·伯恩斯坦（William Bernstein）说："最成功的投资者是什么样的性格呢？他们不被别人的情绪所影响。实际上，我认识的大多数感性的人都是最糟糕的投资者。"[1] 作为基石，作为股市的情绪之锚，逆向思维者是个好的起点。当你更了解市场，了解如何应对压力，分析机会时，你最终将会形成自己的投资风格。逆向思维主义就像潜水艇的声呐一样，有助于你克服恐惧，提醒你不要贪婪。

要学会这种思考方式，改掉恐慌的习惯，不要再跟随市场的膝跳反射卖出股票。大坝公司的研究表明，投资者总是和市场的节奏不合拍。逆向思维可以帮助你了解市场的节奏，学会如何按照市场的节奏进行投资。

了解逆向思维可以帮你省钱。它能帮你避免犯错误，避免与大多数业务投资者一样的情绪反应。对冲基金公司高桥资本（Highbridge Capital）的产品经理格伦·杜宾（Glenn Dubin）说："很多人都在事后做出反应。如果他们看到《时代》杂志封面上讲股市在上涨，他们就买入，然后如果遇到了调整，他们就恐慌售出。"[2]

---

[1] 资料来源：Jason Zweig, "The Intelligent Investor," *Wall Street Journal*, April 3–4, 2010, B7.
[2] 资料来源："Hedge Fund Gurus," *Dan's Hampton Style*, August 1, 2008, 49.

在市场上，如果你与大多数人一样去操作，那么很少会得到回报，至少长期来说不会。别人都卖时，逆向思维者买进；别人都买时，逆向思维者卖出。这种方式才有效！逆向投资之父汉弗莱·尼尔（Humphrey B. Neill）曾经说过："普通大众只有身处趋势之中时是正确的，一旦遇到上涨或下跌两个极端时就会出错。"①

想想 2009 年二三月间的那些黑暗的日子吧。标准普尔 500 指数处在次贷危机期间的最低点。世界上几乎所有的投资者都在恐慌，每天的报道都很阴暗，似乎现代社会的架构正在崩塌。大的银行和企业，包括高盛，甚至通用电气，都被认为即将垮台。所有人似乎都在卖出。但是远离这些大众投资者，逆向思维的奇人们正在问自己：市场还能变得更糟糕吗？当时所有的企业都是按照亏损的情况来定价，但是他们认为所有的企业都亏损是不可能的。通用电气、高盛、摩根士丹利不太可能会亏损，数百家企业股价下跌到超乎寻常的低价似乎也不合理。这些价格反映的是恐慌，并非是这些公司基本的盈利能力。

与恐慌情绪相反的是，2007 年 7 月，道琼斯工业平均指数跨越了 14 000 点。很多投资者认为股价将会继续上升，他们充满希望地等待着。很少有人在这个时候卖出股票收割利润。他们不想错过下一次上涨，不想失去赚更多钱的机会。他们继续坚持，即使当时股市已经开始断断续续地下滑。而当股市最终大跌时，数百万投资者惊慌失措，卖掉了股票。

有经验的投资者在最黑暗的时刻会保持冷静。他们尽量买入股

---

① 资料来源：Humphrey B. Neill, *The Art of Contrary Thinking* (Caldwell, Ohio: Caxton Press, 2010), 42.

票，他们认为股市不太可能进一步下跌。说到底，还能再糟糕到什么地步呢？糟糕的消息创造了前所未有的买入的好机会。股市很快开始了历史性的上涨。标准普尔500指数从2009年3月11日的721.33的低点上涨了86.3%，到2011年2月18日达到了1 344.07的高点。很多投资者错失了这次反弹，因为他们在错误的时间卖出了股票。

巴菲特说："当其他人恐惧时，你要贪婪，当其他人贪婪时，你要恐惧。投资就是这么简单。"① 具有讽刺意味的是，他在2008年10月初的一次面向全美观众的电视采访中说了这番话，那时正是金融危机最严重的时期。可能有上百万人观看了这段采访，他们都有时间做出反应并采取行动。但是，很少有人真正注意到了这句话，投资者继续恐慌，在接下来的6个月中继续抛售股票。股市震动最终在第二年的3月停止。直到今日，巴菲特仍然是被提及最多却很少被效仿的人。

| 逆向思维理论 |

逆向思维，从字面上看似乎就是和股市上的其他所有人背道而驰，实际上不是这个意思，仅仅为了与人不同而与大众做相反的事情是不对的。有时候大众是错误的，而有时候大众是正确的。逆向思维主要是给你的思想加点料，让你用这种方式去质疑大众的想法和行为。在投资这项活动中，肯定会包括很多人，你必须学会如何与众人交手，避免被众人擒住。你必须找到一种机制，帮助你质疑大众的行

---

① 资料来源：*The Charlie Rose Show*, October 1, 2008, http://charlierose.com/view/interview/9284.

为。你需要保持冷静，面对美联储前主席艾伦·格林斯潘（Alan Greenspan）所说的"非理性繁荣"，必须避免这种冲动使你停止思考，毫无想法地做出反应，跟随大众。

伯尼·谢弗（Bernie Schaeffer）曾经花了几十年时间研究逆向思维。他的企业是在俄亥俄州辛辛那提市的谢弗投资研究中心，他把逆向投资作为投资活动的主要参考。谢弗说，逆向投资的核心原则非常基础，很难辩驳。他认为："当所有人都认为是牛市，则购买力已经被用尽了，很快将会到达顶点，接下来就等着跌了。而当所有人都很悲观，则卖出的压力也已经用尽了，很快就要见底了，接下来就该涨上去了。"[1]

对于这些市场行为的评论往往暗示着未来的发展方向。通过读报纸，你可以了解大众的心态。肯特·恩格尔克（Kent Engelke）是资本证券管理公司的首席经济战略师，他说牛市往往是在没有任何迹象下终结的。他还说过以下的话：

> 我还清楚地记着过去发布的一些"牛市终结声明"，例如经济进入了一个"新阶段"，而商业周期已经终结。或者华尔街通过组合的投资产品和复杂的资产管理战略分散了风险。在牛市的后期，大多数人都很亢奋，承担了很大风险。相反，熊市是在巨大的恐惧中终结的，这时人们缺乏信任，无法做出任何投资决策，只敢投资黄金。[2]

---

[1] 来自与作者的对话。
[2] 资料来源：Kent Engelke, "Early Morning Commentary," e-mail to clients, July 13, 2010.

意见不一致往往表明这是健康的牛市,就好像病态市场中所有的意见都一致一样。多数人的自然冲动就是加入舒适的大众行为,毫不费力地赚钱感觉很好,让股价一路飙升。有的时候这种想法有些上瘾,但经常是在泪水中结束。

逆向思维将帮助你保持一种健康的怀疑态度,或许它无法给你提供一种能够打败股票市场的制度,当然它也不是个能够预测股市未来的水晶球,它只是一种思维方式。

换句话说,忘了是牛市还是熊市吧,根据对股票的分析和概率计算来发现合适的、正确的股票。想一想关于打牌的古老谚语吧:你不是在玩钱,而是在玩概率。如果你坐在牌桌前,看不出来谁是傻子,那么那个傻子就是你自己。同样的道理也适用于投资。

逆向思维模式不相信广为传播的欣喜情绪,它能够形成对非理性繁荣的免疫力。

逆向思维能够帮助你思考趋势的终结,在看到对一只股票的狂热追逐时,也能够想到市场的迂回曲折,想到人们经常会在市场中失足跌倒,把赚到手的钱还给市场。

当市场出现调整时,很多人的反应太迟钝了,因为他们缺乏自律。他们想卖到最高的价格,即所谓的八连涨。杰西·利弗莫尔(Jesse Livermore)曾经见证了20世纪20年代华尔街的大萧条时期,他曾说:"最有价值的教训就是放弃追逐最后的八连涨,或者是第一个大涨,但这两种想法是全世界最昂贵的空想。"[①]

[①] 资料来源:Edwin Lefèvre, *Reminiscences of a Stock Operator*(New York:John Wiley & Sons,1993),36.

当所有人都认为股价将会继续上涨时，就标志着所有人都已经把钱用来买股票了。当所有人都充分投资时，即他们把所有的钱都买了股票，股票价格就要下跌了。相反，当所有人都很悲观，担心股价将会下跌时，大家就开始卖股票，往往是同时开始抛售，使股价大幅下降。等到大范围卖出后，股价往往会停在某一点，这就是所谓的见底或者卖空。大幅下跌后，股票往往会反弹得更高，因为稍微买入一些股票就能够提振价格，然后吸引大批投资者抓住期望已久的复苏。股票在经过一次大的调整后会反弹，这是非常著名的市场现象，并且有个非常生动的名字叫"死猫反弹"。

谢弗说："困难在于正确地判断所处的阶段，及时采取行动，而不是做事后诸葛亮。"①

放逐华尔街

在很多经验丰富的投资者的眼中，民众的行为就是"不要做什么事情"的最可靠的指向标。有个战略家说："群体很愚蠢！"

一个交易员说："股市就是聪明人想办法赚傻子的钱的地方。"

另一个交易员说："大多数人必须亏钱，才能保证少数人赚钱。"

还有一个做期货的交易员说："亏钱的人总是会回到拉斯维加斯。"

这些话都很难听，却是包含着实际经验的。不理智的民众是金融史的主流。有组织的金融市场的发展吸引了普通民众，股票交易所扩

---

① 来自与作者的对话。

大了参与股市的民众的范围，广大媒体增加了股民流动的频率，确保所有人都知道能够从股市中赚很多钱，却很少提及会亏多少钱。

1932年，巴鲁克写道：

> 所有的经济活动，从本质上说，都是由从众心理驱动的。图表和各种比率当然是我们确定投资原则，指引我们在各种警报中前进的不可或缺的因素，但是，一篇出色的经济学论文可能会涉及一些几何原理，却决不会通篇阐述价格运动的数学原理。我不由得想起席勒的格言："每个人作为一个独立的人都是理智的、讲道理的，但是作为群体中的一员，就立刻变成了傻瓜。"[①]

这个道理经受住了几百年的考验。第一次金融泡沫始于1634年的荷兰，当时郁金香胜过了一切。著名的编年史学家查尔斯·迈凯（Charles Mackay）曾介绍说，郁金香的名字来自土耳其语，原意是女士的"包头巾"。这种花被大众所推崇，在荷兰的富人家中非常受欢迎。这种花实际上成为任何一个希望成为富人、有品位的人的必备之物。很快，这种狂热席卷了中等阶层，据迈凯讲，商人和店主也希望能够拥有稀有的郁金香。

在1634年，荷兰人希望拥有郁金香花的狂热到达了一个顶点，国家的普通工业不再受到重视，很多人都在参与郁金香贸易。随着狂热不断加剧，价格也不断上涨，到了1636年，郁金香开始在阿姆斯

[①] 资料来源：Charles Mackay, *Extraordinary Popular Delusions and the Madness of Crowds* (Wells, Vermont: L. C. Page & Co. by Fraser Publishing Company, 1967), xiii.

特丹、鹿特丹、哈勒姆、莱顿、阿尔克马尔、霍伦以及其他地方的股票交易所上市交易。在一些缺乏交易所的小城镇里，郁金香开始在主要的集市上进行交易。最后，郁金香开始在伦敦股票交易所和巴黎等地交易。① 股票中间商看到了商机，他们操纵市场价格，使其忽高忽低。当价格下跌时，他们大量买入，等到价格上涨时卖出，由此获取巨大利润。他们在这一期间赚了一大笔。人们开始想尽一切办法来筹钱买郁金香，这种狂热跨越了荷兰的国界，蔓延到整个欧洲。很快，为郁金香痴狂的人们开始把大量的钱投入荷兰。所有人都参与进来，从烟囱清理工人到上层贵族。但似乎是突然之间，富人停止购买昂贵的郁金香装饰花园，交易商们恐慌了，价格迅速下跌。迈凯说："很多曾短暂走出底层的民众再次被打回默默无闻的原形，很多商人一夜间几乎要靠乞讨为生，很多贵族财富尽失，几乎连住的房子都无力赎回。"②

当失去一切的时候，那些亏损的人们要求荷兰政府提供帮助。政府的救助计划包括取消所有 1636 年 11 月前签署的合同，当时价格达到峰值，那个时间点之后达成的交易的价格可以下调到原商定价格的 10%。当然，也存在一些违反交易合同的案件。这个问题甚至被带到了海牙的国会上，最后也不了了之了，价格继续下跌，人们很快就忘了郁金香曾经有多值钱了。现在，人们提起郁金香就只是想起它的美丽，很少有人记得郁金香狂热曾经为之后所有的狂热和形成的泡沫提

---

① 资料来源：Charles Mackay, *Extraordinary Popular Delusions and the Madness of Crowds* (Wells, Vermont: L. C. Page & Co. by Fraser Publishing Company, 1967), 90.
② 资料来源：Charles Mackay, *Extraordinary Popular Delusions and the Madness of Crowds* (Wells, Vermont: L. C. Page & Co. by Fraser Publishing Company, 1967), 95.

供了一个前车之鉴。

这些狂热在其他地方也出现过。1929 年大萧条之前，没人想到股票价格会下跌。很多人都通过银行利差来买股票，因为他们认为股票价格会一直上涨。1929 年，银行每贷出 10 美元，就有 4 美元花在股票上。企业也借款买股票，通用汽车公司和洛克菲勒的标准石油公司都这么干过。到了 1929 年 10 月，一切都崩盘了。

在那之后，大众还为互联网股票疯狂过，他们相信网络将改变全世界；也为房子疯狂过，认为每个人都要买房子，价格永远不会降。所有的危机都有所不同，但是都有一个共同的重要特点，迈凯经过对各种狂热的研究后确认了这一点：常言说得好，人们都有从众心理，他们一起发疯，然后慢慢地、一个一个地恢复理智。[1]

耶鲁大学经济学家罗伯特·席勒（Robert J. Shiller）可谓是当代的迈凯。他曾写过一本名著《非理性繁荣》，介绍投资者的非理性狂热。席勒认为，金融泡沫可以被诊断为类似大脑错乱一类的疾病。就像精神科大夫使用大脑精神错乱的诊断和数据分析手册来更好地了解病人一样，席勒也总结了几个方法来诊断金融泡沫。

- 大幅度的价格上涨，例如在房地产或互联网股票上曾发生过的案例。
- 公众对于价格上涨的狂喜。
- 媒体热门报道。

---

[1] 资料来源：Charles Mackay, *Extraordinary Popular Delusions and the Madness of Crowds* (Wells, Vermont: L. C. Page & Co. by Fraser Publishing Company, 1967), xx.

- 一个有人赚了很多钱的故事，引发广泛的羡慕和嫉妒。
- 公众对某类资产越来越感兴趣。
- 用"新时代"理论为前所未有的价格上涨找理由。
- 贷款标准的放松。①

| 媒体本身就是消息 |

当一家大型杂质在头版上就某件事发表大胆的言论时，投资者往往会陷入困境。

一个经典案例就是《商业周刊》（Business Week）在1979年8月刊登的封面故事《股票之死》（Death of Equities）。这篇文章集合了那个时代的一些预言家的集体智慧，当时全社会正面临着巨大的通货膨胀压力——石油价格上升了60%，通胀率也在上升。房子在美国是抵御通胀的最好办法。全世界都颠倒了。在大通胀全面来临前的20世纪60年代，《商业周刊》报道称，连续40年间，股票的年回报率平均为9%，而几乎无风险的AAA级债券的回报率不超过4%。"现在情况变了，债券的回报率高达11%，而股票的平均回报率近10年的平均值低于3%。"②

这个封面故事似乎是由前一个月美国退休基金管理规定的一个变

---

① 资料来源：Jack Ewing, "Shiller's List: How to Diagnose the Next Bubble," *New York Times*, January 27, 2010.

② 资料来源："The Death of Equities," *Business Week*, August 13, 1979.

化所引发的。美国劳工部负责管理退休金，它允许退休金投资于除上市交易类股票或高级别债券的资产类产品。新的规定则第一次允许，退休金被用于投资小企业股票、房地产、商品期货合同，甚至是黄金和钻石。《商业周刊》认识到，这个变化能够使退休人员得到更高的投资回报，而过去这些年他们的退休金账户因为通货膨胀而受损不小。《商业周刊》认为，这个决定的最大的不利因素就是股票市场最近表现不好。

听上去，严肃的人变得焦虑不安。

小罗伯特·萨洛蒙（Robert S. Salomon Jr.）是萨洛蒙兄弟公司（Salomon Brothers）的一个经理合伙人，萨洛蒙兄弟公司相当于现在的高盛集团，他告诉《商业周刊》："我们正冒着有可能会使世界上的一大笔财富沦陷于某一个人的集邮册中的风险。"[1]

文章得出的灰暗的结论就是，通胀的制度化以及沟通和心理上的结构性变化，将会杀死数百万人参与的美国股票市场。

这篇文章的作者告诉读者："以购买实体股票作为储蓄和退休保障的旧办法已经过时了。"为了证明这一论断，他匿名引用了一位年轻总裁的话："你近期参加过美国的股东大会吗？那些都是过去时了。股市早就不是行为发生的地方了。"[2]《商业周刊》的封面故事标注了一个转折点。同时期，道琼斯工业平均指数也下挫到850点左右。瑞银集团（UBS）纽约证券交易所交易总监阿特·卡欣（Art Cashin）说："这最终演变成为历史上最伟大的股票上涨期前的一个

---

[1] 资料来源："The Death of Equities," *Business Week*, August 13, 1979.
[2] 同上。

最低点。"① 1979—2000年，道琼斯工业平均指数上涨了超过1 076%，最高时达到了一万点。当互联网泡沫破灭时，一些旧有的规则不再适用，我们现在生活在一个新的社会，科技使经济能够快速发展，远超过去3%的增长率。

《股票之死》一文中的观点在2007—2009年的次贷危机中再次出现，当时大家都说股票已死。彭博新闻社这时已经收购了《商业周刊》，于2009年3月10日在互联网上再次贴出了这篇文章，然而其后两年股票市场再次高涨。

卡欣认为，一旦一种观念太过流行或者太过传统，它就要翻船。他说："这也是逆向思维的一个基础，一旦某种想法能够刊登到大众杂志的封面上，那么这个想法马上会被逆转。"②

佛罗里达州的一位股票交易商用杂志来判断市场动向。他购买了《经济学人》（*Economist*）和《商业周刊》两本杂志，来帮助他挑选出聪明钱和傻瓜钱。当他拿到杂志的时候，会把封面撕下来，把杂志扔掉，然后把两张封面贴在墙上，用来跟踪投资者情绪。《经济学人》提供了聪明钱的观念，而《商业周刊》则为傻瓜钱代言。

| 媒体误读了谷歌 |

我们来看看谷歌公司本身的情况和媒体关于2004年谷歌首次公开募股的报道吧。当时华尔街上充满了怀疑的情绪，金融媒体也是如

---

① 资料来源：Art Cashin, *Market Commentary*, March 2, 2011.
② 同上。

此。就在谷歌上市前几天，苹果公司的联合创始人斯蒂夫·沃兹尼亚克（Stephen Wozniak）向《纽约时报》表示，他不会购买谷歌公司的股票，因为他认为股票价格未来的上涨空间不大。谷歌首次公开募股的股价为 85 美元，上市共募得资金 16.7 亿美元，公司市值达 231 亿美元。《纽约时报》警告读者：谷歌公司的估值有泡沫。《泰晤士报》（Times）在一篇社论中说："只有时间能够证明，谷歌公司是否能斗过雅虎和微软，做出更好的搜索引擎。"在 2011 年，与谷歌相比，微软和雅虎才是真正抢手的股票。①

《时代周刊》（Time）在谷歌上市前刊文警告读者："谷歌上市：购买须谨慎！"《新闻周刊》则自信地说："这个价格简直是疯了。如果有人在每股 109.40 美元的高位买入谷歌的股票并打算长期持有的话，那么他未来一定会亏上一笔。"②

华尔街分析师作为大多数金融新闻报道的主要引用来源，全都看衰谷歌公司。2004 年 10 月 13 日，当股票价格超过 140 美元时，跟踪谷歌股票的分析师中只有 30% 将股票评级定为"买入"，而 60% 建议"观望"，10% 建议"卖出"。谢弗说："我们看到了一个经典案例：投资者尽管认可公司的实力，尽管看到了首次公开募股后股票价格的快速上涨早已将 85 美元的发行价甩在了尘埃里，但是他们就是不肯相信股价会继续上升。当然，随着股价继续超预期上涨，人们很快就会接受现实，进而开始狂热地追逐这只股票。"③

---

① 资料来源：Bernie Schaeffer, "The Eternal Contrarian," *Sentiment*, Summer 2010, 14.
② 同上。
③ 同上。

到了2005年5月底，谷歌的股价达到260美元，80%的分析师都建议"买入"。到了2007年3月初，在股价达到747美元的顶点之前，所有跟踪谷歌的分析师都建议"买入"。[1]

谢弗说，从逆向思维角度看，2004年8月首次公开募股至11月是看涨股票的好时段，因为当时只有不到一半的分析师认为谷歌公司值得"买入"。他说可以持有股票一段时间，但是随着华尔街逐渐接受谷歌股票上涨的事实，等到所有人都认为应当"买入"的时候，就是需要撤退的信号了。

保尔森的赌博

媒体常常会说，市场到顶了或市场到底了，这是因为其掌握着一种信息导向力。当记者打电话给所谓的专家，专家就会自说自话，这就是一种炫耀。金融媒体常常一遍一遍地引用同一个评论员的话，所以你会发现很多的金融故事在语气和实质内容上都差不多。因此一定要弄清楚是什么营造了市场共识，历史经验证明共识往往会不堪重负进而瓦解。

我们可以就市场指数写上一本书，而且也有人写过这方面的书。但是，在某个时点，我们必须持有一种立场或是由于信息量过大而难以证明或反驳某种观点。席勒的泡沫清单是个良好的开端，但是最佳的逆向思维指数就是常识，而尊重常识往往是投资者身上最不普通的美德。

---

[1] 资料来源：Bernie Schaeffer, "The Eternal Contrarian," *Sentiment*, Summer 2010, 14.

在 2005 年，约翰·保尔森（John Paulson）还是一个不太出名的基金经理，当他开始质疑美国的房价上涨过快时，人们认为他是个傻子。当他一年赚了 40 亿美元时，人们认为他聪明极了。他从无人知晓到成为众人羡慕的华尔街空神，这段故事完美地演绎了逆向思维的重要原则。

保尔森做了自由市场历史上唯一的也许是最大的逆向投资，因为他不相信华尔街当时的主流观点，所谓的"美国房价从来没有经历过全国性的下跌"。他决定自己去验证一下。他核对了房价数据，发现华尔街在论证观点时所采用的数据一般只追溯到二战时期，于是他继续往前追溯。"必须要追溯到大萧条时期，找到全美范围内房价下跌的时期。他们在分析中没有考虑这个因素。"[1] 他就此询问了银行，银行答复说，即使房价下跌到 0，那最多也就是短期的畸变，房价很快会重拾升势。所以，保尔森重新审视华尔街用来分析房地产市场的方法，他发现这些数据都是基于名义价格，这会误导人们，因为它包括了通胀。名义增长率在 20 世纪 70 年代很高，因为当时有高达两位数的通胀率，但是保尔森认为实际增长率很低。当他把名义价格转化为实际价格时，在 25 年的时间跨度里，他发现房价在他的记录时间内并没有像 2000—2005 年涨速那么快。他说："我们的意见是房价被高估了，将会进行调整，购房按揭的抵押品质量很差，很有可能会发生巨大的亏损。"[2]

---

[1] 资料来源：Financial Crisis Inquiry Commission, FCIC Staff Audiotape of Interview with John Paulson & Co., October 28, 2010, http://fcic.law.stanford.edu/resource/interviews.

[2] 同上。

他开始组建自己复杂的投资组合，寻找一旦房地产市场崩盘可以增加价值的产品。危机爆发后，议会上投资者问他是否曾经向银行或者评级机构分享过他的观点，他的答案透露了他的投资思维。保尔森说："我从不刻意去说服研究机构，让他们知道他们错了，而我是对的。我只是努力做好我们自己的分析，帮助我们的公司得出我们自己的结论，努力去了解为什么其他人会有相反的观点。我的目标不是告诉别人我是正确的或者他们是错误的，而是了解他们在干什么，为什么我们的观点不一致，这种不一致的合理性在哪里。他们当中的很多人听到我们的观点时都认为我们没经验，而实际上他们在贷款抵押市场上才是新手。我们当时是极少数，如果说是 1 000∶1 的比率的话，那我们就是那个 1。当时的情况就是这样。即使是我们的朋友，也认为我们是错误的，并且为我们感到惋惜。"①

金融危机委员会调查员问他："为什么所有人都认为你是错误的？"保尔森回答道："除了 20 世纪 90 年代初期在加利福尼亚州出现的移动式住房出现过违约之外，投资级抵押债券从来没有违约过。除了那一点少量数据外，从来没有投资级抵押债券违约，而且房价也从来没有发生过全国范围内的下跌，所以他们根本想不到这一点。同时当时抵押债券的亏损率超低，所以他们在全行业找不到任何问题。"②

问题是保尔森一开始怎么会想到要质疑房地产市场的主流观点呢？从很大程度上说，这是源于一种历史感。他生于 1954 年，活了

---

① 资料来源：Financial Crisis Inquiry Commission，FCIC Staff Audiotape of Interview with John Paulson & Co.，October 28，2010，http：//fcic. law. stanford. edu/resource/interviews.

② 同上。

很长的时间，经历了金融史上的兴衰周期。他见证了1990年由德崇证券公司引发的信贷违约周期。那家企业当时由迈克尔·米尔肯（Michael Milken）领导，发明了高收益债券。他也还记得安然公司和世通公司的债务违约。保尔森说："经过了周期和太平时期，我接受了这样的观点，即信贷市场和房屋市场都是周期性的，二者都会在质量和定价上达到峰值，然后就会下跌。"①

巴菲特的高盛交易

不是所有人都有能力打赌市场会下跌，很多人更容易打赌股价会上涨。在危机期间下赌注往往会吓倒多数人。2008年9月底，在次贷危机爆发期间，当没人愿意和银行扯上关系的时候，巴菲特向高盛银行投资50亿美元。当时，世界第四大投资银行雷曼兄弟刚刚宣布破产，美国政府接管了房地美和房利美，救助了美国国际集团。巴菲特掌管的伯克希尔·哈撒韦公司分两次用50亿美元购买了永久性优先股份，股息10%。巴菲特还得到了担保，可以将合约转换为股票，也就是说以每股115美元的价格购入50亿美元的高盛普通股。《华尔街日报》称，这笔投资"表明次贷危机以来对金融系统的信心在本月初得到了加强"。当高盛银行在2011年还贷款的时候，巴菲特的获利高达17亿美元，相当于每天收入19万美元。购买恐惧果然获利丰厚！

---

① 资料来源：Financial Crisis Inquiry Commission, FCIC Staff Audiotape of Interview with John Paulson & Co., October 28, 2010, http://fcic.law.stanford.edu/resource/interviews.

淡化新闻

不是所有的交易都必须在完全恐惧的环境下进行。克里斯·戴维斯领导的戴维斯纽约风险基金会有选择地做逆向投资。他说："我们会选择一些有争议的场合，比方说一家公司的股票价格下跌，跌幅已经超出我们的预期，而我们认为其面临的风险不足以对公司的基本面和长期发展造成如此大的影响，这时我们就会选择进行逆市投资。"①

有些时候，他的客户很难理解这个逻辑，因为他所投资的企业往往是一些被新闻媒体进行负面报道的企业。戴维斯说："正是因为很多其他的投资者自动卖出近期面临挑战的公司股票，不管这个挑战有多大，我们都认为在很多情况下，这意味着公司股票的潜在回报率很高。"②

穆迪公司（Moody）是世界上主要的信贷评级公司之一。在金融危机爆发时，它正处于危机的核心，受到了很多负面的新闻报道。这家公司为抵押证券定级，而很多证券实际上并不像它定的级别那样安全。但是，一些投资者认为有些人对于坏消息和连篇累牍的负面新闻标题反应过度了，这也被叫作"头条风险"。人们透过媒体的报道，也可以看到穆迪公司的基本面很好，企业的财务状况也不错。另外，穆迪是世界上为数不多的提供信贷评级和相关服务的企业。当交易员利用这些负面新闻操纵股价时，基本面投资者能够坚持在其他人感到害怕的情况下买进股票。

---

① 资料来源：Davis New York Venture Fund，Winter 2010 Review，5.
② 同上。

穆迪股票最终反弹了。坏消息像乌云一般存在了很长时间,但是迟早有一天,投资者会发现,所有的坏消息都被计入了股票价格。情绪的转变甚至可以保护股票不受新闻的影响。2011年4月,美国下议院调查委员会认定,在金融危机爆发前,评级机构试图通过向复杂的抵押产品提供有利评级来争取生意。消息公布后,投资者并未感到吃惊,他们早就想到了这一点,所以反应适度,调整了恐惧和贪婪的心态,而这对于最终确定股价至关重要。

第四章 信息分析

"9·11"事件后不久,时任总统小布什的国防部长唐纳德·拉姆斯菲尔德出席了一场记者招待会,一名记者问到伊拉克向恐怖组织提供大规模杀伤性武器的证据。记者说:"有报道称伊拉克政府和恐怖主义似乎没有直接关系。"拉姆斯菲尔德回答:

> 说有些事情没发生的这种报道总让我感到很有趣。因为据我所知,有些事情是"知道已知",就是说我们知道有些事是我们知道的;有些是"知道未知",就是说我们知道有些事我们并不了解;但是还有一种"不知未知",就是我们不知道我们还不清楚这件事。如果大家认真看看我国历史或是其他自由国家的历史,就会发现第三类通常是非常稀缺的一类信息。[1]

---

[1] 资料来源:U. S. Department of Defense News Briefing, February 12, 2002, http://defense.gov/transcripts/transcript.aspx?transcriptid=2636.

拉姆斯菲尔德的信息分类论很快被华尔街利用了起来。从那时起，华尔街的海量信息开始依据这套理论进行分类。

"知道已知"就是关于一只股票的所有已知信息，包括：此前的盈利报告、证券交易所登记情况、股票历史业绩、投资评级、股东信息、正在进行的各种诉讼以及各种历史金融比率，例如净资产收益率、账面价值以及所有衡量股票情况的其他数学方程式。简言之，能够很容易获得的信息都是"知道已知"。这些信息通常是无害的历史事实，认真的投资者了解这些信息就像熟记自己的出生日期一样。这些信息可以通过查询企业和股票的公开信息获得，这是做所有投资决策的基础。专业的金融数据企业拥有并运营自己的数据库，为投资者提供这些知道已知的信息，比如市盈率、股息收益、利润估算和历史收益报告。这些信息是决定股票价格的基础，也已经反映在股票价格之中了。如果你了解过去，就能够更好地预测未来，这是投资的重点。

"知道未知"对大家来说更为陌生一些。华尔街上很多人努力的方向就是搞清楚前方的未知是牛市还是熊市。知道未知是指未来可能会发生的事件，将会决定你的投资获利还是亏损的重大事件。已知未知包括：未发布的企业盈利情况报告、投资者大会、新产品发布、零售销售数据、美联储利息率决策和经济情况报告，例如国内生产总值、就业数据、通胀数据、房价、供应管理协会报告等。所有这些我们知道将会发生但不知道其结果的信息，都属于知道未知类。这类信息是所有投资者最担心的事情。判断股市会对企业公布季度盈利状况或是政府公布经济数据做出何种反应，是股票交易和明智投资的关键。大量的分析研究都聚焦于这一点，成千上万的人在收集企业信息、所有财务和经济数据，来判断未来将发生什么。有用的金融数据将立刻被用于分析股票和债券的价格，无用的金融资料则会被抛弃。当知道未知成为知道已知时，股票价格会迅速调整。伦敦金融市场上就此有一句谚语："在神秘中买入，在了解后卖出。"

现在，人们越来越多地依靠计算机程序来了解知道未知类的信息，这些程序也能够根据新闻报道中出现的关键词买入或者卖出股票、期货合同。对冲基金和做市商将一些词语输入计算机代码，而后进行程序化推演，这些机器没有人类情绪的干扰，能够按照既定模式决策，人类的大脑很难做到这一点。新闻程序认为10个负面消息将会引发对股票的特定反映，因为很多主要的媒体企业已经将新闻档案卖给了投资公司，后者通过计算机分析这些历史档案，找到了隐藏的模式。

"不知未知"是金融界的噩梦，藐视了人类的想象力。比如2001年针对世贸大楼的"9·11"恐怖袭击、2008年雷曼兄弟垮台、2011年日本海啸引发的核泄漏事故，以及2010年道琼斯工业平均指数在20分钟内闪崩，下跌了约1 000点。不知未知也被称作"黑天鹅"。纳西姆·塔勒布（Nassim Taleb）是黑天鹅事件的记录者，他把这些发生后产生重大影响的事件称作黑天鹅事件。例如，对冲基金美国长期资本管理公司在1998年被一个黑天鹅事件击垮。尽管当时有诺贝尔经济学奖获得者为其提供咨询，其基金经理也格外聪明，这些人把集体的智慧和经验输入了计算机程序，计算机也成功预测了大多数有利的市场动向，但是它没能想到有一个重要国家，比如俄罗斯，将会出现债务违约。而当俄罗斯违约时，黑天鹅出现了，搞垮了美国长期资本管理公司。这些未知事件给美国长期资本管理公司的交易状况打了个死结,即使是最好的交易员和最先进的计算机程序也解不开。美联储和华尔街银行救助了这个基金,挽救了世界市场。不过似乎没有人从那次事件中吸取任何富有建设性的教训。华尔街领袖从中得到的主要教训似乎是他们可以追求利润,让其他人担心交易崩盘的风险。很多曾经救助过美国长期资本管理公司的华尔街领袖后来成为2007年次贷危机中的悲剧主角。

自次贷危机以来,发现黑天鹅成为华尔街各家各户的日常工作。

投资者的挑战主要集中在知道未知上,并为不知未知做好准备。这正是前高盛集团首席执行官和前美国财政部长罗伯特·鲁宾(Robert Rubin)所说的概率思维。很多有经验的投资者都对信息和知识极度渴求,他们阅读各种信息,这帮助他们了解未知的情况,对未来做好预判。

感知之门

华尔街收集和使用金融信息的能力堪比甚至超越了世界上主要的新闻媒体及许多国家的政府。几个世纪以来便一直如此。罗斯柴尔德家族在18世纪就意识到信息比金钱更重要,他们组建了一个信鸽和快递的网络,在欧洲大陆上收集、传送信息。罗斯柴尔德网络比外交和皇家邮政系统快多了,它让这个家族最早知道拿破仑在滑铁卢战败,并因此获利颇丰。美国独立战争时期的信息网络也很精良。

早期,费城是美国的金融中心,也是美国第一家股票交易所的诞生地。欧洲的船只装载着商品和市场信息停泊在137千米之外的曼哈顿港口。通往费城的道路上总是充满熙熙攘攘的游客、股票经纪人、外国投资者的代理商以及其他人,他们焦急地收集信息,希望能够比其他人早点获得有用的信息,从而在费城的股票交易所里赚上一笔。

这些来来往往的人组织了一些费城的中介,在新泽西的高地上建立了一个信号站。信号员通过望远镜,观察交易所里实时播报的股票价格、彩票号码和其他重要信息。这些信息从一个站点传递到另一个站点,从纽约到费城只需要10分钟,这可比任何车马跑的速度快多了,这种传播方式迅速缩减了纽约看客的优势。直到1846年电报出现①之前,这种方式一直存在。

自那以后发生了很多变化,但是有两个关键的事实没有变:信息仍然不对称,信息传播的速度仍然影响利润。信息不对称意味着总有人比你获得的信息要多。在任何给定的市场或行业中,总有20~50人会提前知道将要发生的事情,或者在某件事被宣布前获得消息。这些人拥有全球的、多角度的视野,他们可能是公司管理者、交易员、投资人、投资银行家,或者是一些非常优秀的分析师,他们了解企业的财务和现状。许多人很少在公众场合发声。

在信息食物链顶端的是主要的投资者,包括主要的对冲基金和机构投资者、一些大型银行的战略家和分析师,尤其是高盛集团,它的客户常常是世界上重要的投资者。这群人常常会比其他人提早几天甚至几周观察到一些经济和企业信息。获取消息的速度至关重要,它能给投资者带来时间和场地优势,让投资者能够成为第一批进行投资或交易的人,然后等到其他人将各种消息联系起来看到全局开始投资并

---

① 资料来源:*The History of the Philadelphia Stock Exchange*,privately printed by the Exchange.

推高价格时,他们这批最早的投资者已经开始获利了。基金公司经理丹尼斯·达维特(Dennis Davitt)说:"信息就是一切。市场运转得越快,贸易通过电子线路传送得越快,真实可靠的消息就变得越珍贵!"[1]

| 信息分析 |

多数市场信息是通过一些著名的、关注度高的渠道传播的。企业的盈利报告、经济报告、在证券交易委员会登记备案的企业材料,都是主要的渠道。在这些报告即将公布前或刚刚发布后,金融媒体和银行分析师通常会夸大报告的影响。当然,时间就是一切。那些被金融媒体热炒的分析师报告,尽管对个人投资者决策发挥了很大作用,但实际上已经严重过期了。这些报告一般是按层级发布的。最高端客户最先拿到信息,也最先开始进行交易,然后这些报告才被送给其他客户。媒体第二天才拿到报告,或者说比所有人都晚15分钟,在眼下这种快速的、电子化的市场里,这基本就意味着第二天了。媒体总是带来很多个人投资者买入,同时为那些银行的最高端客户制造卖出的机会。

信息通过不同的方式进入市场。华尔街的信息都存放在数据库和各种新式机器里,标上股票标签和主题代码。只要在彭博新闻社的终端上稍微敲打几下,立刻能够看到股票的所有信息。接入彭博新闻社

---

[1] 资料来源:Steven M. Sears, "The Striking Price, Corralling Information in the Cyber Age on The Trading Floor," *Barron's*, April 21, 2008.

终端的收费标准大约为每个月 2 500 美元，因而多数人无法接入。这些终端可以是独立的，也可以是银行和对冲基金公司定制的，成为它们的交易终端的一部分。这些终端包括一周 24 小时不间断的金融信息服务，其中包括道琼斯新闻、彭博新闻和路透社新闻。

银行的关键信息不一定来自分析师做出的研究报告。华尔街上最优质的信息越来越多地来自交易所的股票交易、债券交易和衍生品交易的交易台。

不像典型的分析师报告常常关注于历史数据，交易台的报告常常包含一些对未来至关重要的内容。分析师报告也许会通过企业的收益报告归纳总结出对未来的预判，而交易台的报告会表明投资者是积极的还是消极的，他们将根据收益报告做些什么。交易台报告很少分享给普通的投资者、媒体或者其他人，银行只将交易台报告发送给他们的最高端客户。这些报告每天都会发送，常常是全天都会更新，详细介绍当前的市场状况，客户或者竞争者将会如何处理股票、债券和期货市场的账户。所有人都希望被添加到这个邮件发送清单上。交易员经常通过他们的彭博终端发送邮件，因而彭博终端被公认为华尔街的核心数据库。这些电子邮件的内容往往与媒体和分析师的报道大相径庭。

与交易台报告相比，新闻报道就像是噪声，从经济角度来讲这些信息没有任何价值。有些投资者和交易员根本不读报纸、不看电视，他们认为这是分散注意力的。相反，他们使用一些专业的新闻服务，比如华尔街账户，这个服务软件通过黑莓设备发送含有海量信息的电子邮件。交易员、策略师、分析师将会实时地对这些信息做出反应，再加上他们对股票交易、波动、信贷违约互换等专业知识非常熟悉，就能够给自己以及他们的高端客户提供大于他人的优势。可尽管是这样的优势，在高速计算机面前也要相形见绌了，这些计算机能够处理大量的新闻，通过各种数字、事实和主题来更新复杂的计算机模型，用来购买和卖出股票、债券、大宗商品等。这就像华尔街版的沃森一样，IBM 推出的超级电脑沃森能够进行推理，并且在参加美国著名益智电视节目《危险边缘》（*Jeopardy*）时击败人类。很多投资者的错误就是过度依赖商业媒体指出的投资道路。现实中没有什么神奇的方程式，没有炼金术师的护身符，更没有人能够给你指出一条免费的没有挫折的投资道路。就像一个对冲基金交易员曾经说过的：如果你把一大罐钱放在房间里，交易员会找到最快的道路到达那里。通常，这意味着从你的身上踏过去。

实时在线图书馆

股票市场以及成功投资者的运作方式就好像是一个实时在线的图书馆，一直在不断地分类和更新信息。市场上可以找到人类积累的各种知识，从农业到汽车、能源，从零售到技术、金融、药品和医药知识。这些方方面面的知识都是用股票、债券、大宗商品和衍生品的价格来表达的。风险也是对投资者知识全面性的一个测量。了解的越多，越容易发现价值，还能够更好地判断市场价格是否具有吸引力。等到一切都讨论清楚了，或者是被金融媒体广泛报道了，价格往往已经超过了价值。价值就像是一座金矿，对很多人来说都是不可见的。价值是静悄悄的，不是金光闪闪的，是未被分析发现的，就像是需要矿工挖掘出来一样。价值不是金融媒体的报道范围，媒体只关注价格和已发生的事件，或者近期大家认为可能发生的事情。等到一只股票成为主要媒体的关注重点时，价值早就消失了，势头已经被控制住了。

推特

我们很容易被金融信息包围，关键是要知道应该听谁的，从而忽略另一些信息。推特是一种社交网络，能帮助投资者把好消息从坏消息中分割出来。2006年推出的推特正在改变华尔街的沟通方式。推送就是发布消息，字数限制在140字符以内，这种简洁程度鼓励尖锐的、精准的思维。推特不像报纸或是电视，它能够更快地传递关键要点，并且通过相关链接提供更详细的消息。因此，推特在信息分类和查找方面特别有用。更方便的是，你可以通过控制你的信息流，来决定关注谁和允许哪些人关注你。此外，推特鼓励使用者之间进行智能对话，你可以使用推特与兴趣相似或差异很大的人分享信息。这可能还需要完善，但是你几乎可以与对冲基金和投资银行的交易员创建实时对话的网络，全天进行交流沟通。实际上，很多交易员、策略分析师、有影响力的博主，乃至通用电气前首席执行官杰克·韦尔奇（Jack Welch）都在使用推特。[1] 如果你觉得这不过是孩子玩的东西，你就错了，推特影响了股票和期权交易。交易中介公司的乔安·纳贾里安（Jon Najarian）说："中介商必须存储即时信息和邮件，但是推送消息上没有这个要求，所以，你就可以想象更多的消息都可以通过推特来发送。"例如，纳贾里安首先从推特新闻中听说，麦特里克

---

[1] 资料来源：Steven M. Sears, "For Markets, How Tweet It Is," *Barron's*, Monday, June 22, 2009.

（Matrixx）公司生产的"止卡姆"（Zicam）牌鼻腔喷雾剂能使人丧失嗅觉。他说："人们立刻开始互相推送这个消息，公司的股价很快从19美元跌到13美元。"①

尽管一些企业试图将推特作为一个衡量投资者情绪的指标，通过这个指标来判断股价是要上涨还是下跌，但是多数人还是将推特当成一个信息平台，以便做出更加明智的投资决策，同时也推送一些可能有用的金融信息。如果你仍然认为推特与市场无关，可以想一想2011年9月美联储向企业征求监管社交媒体平台的意见建议，包括推特、脸书、博客、论坛和优兔。美联储想跟踪不同语言、不同国家和不同地理区域的社交媒体。美联储希望能够实时监督社交媒体的谈话和推送的信息。社交媒体是一个倾听的平台，正如美联储在征求意见稿中所述，将监督"数百亿对话并根据相关标准进行分析。他们还能够确定一个发言人或是写作者就某个话题或是文件的情绪反应"。②

未来就是现在

尽管回顾过去可以很好地了解股市的大致情况，但是更重要的是要了解股市是贴现机制。这个奇怪的表达方式意味着，股市以及精明能干的投资者永远都在关注未来，关注那些已知未知的事情。市场不断地就各种事件的结果给出不同的概率或者贴现。股市生活的目标就

---

① 资料来源：Steven M. Sears, "For Markets, How Tweet It Is," *Barron's*, Monday, June 22, 2009.
② 资料来源：Federal Reserve Bank of New York, Sentiment Analysis and Social Media Monitoring Solution RFP, Request for Proposal（Event-6994）, Sept. 16, 2011.

是要在今天辨别出股票明天的价格，并且学会在恐惧和贪婪中辨识股票的基本面。这是很多有经验的投资者的投资基础，但对于大多数其他人而言却是未知的未知。确定明天将会发生什么是一个费力气的活儿。在任何时刻，甚至是现在，数千台电脑正在搜寻隐藏在交易数据中那些隐形的、能获利的模式，这种能力超出了人类的计算能力。有些投资者希望能够获得一定的投资优势，获得一些比他人更高明的能力或是信息，于是他们去追逐那些内幕消息，例如2011年对冲基金经理拉杰·拉贾拉特纳（Raj Rajaratnam）就涉及这样的案子：拉杰是盖伦基金的经理，他通过与高盛集团董事会成员和技术公司职员的特殊关系打听该公司第二天的内幕消息。

市场总是向前看，可金融新闻总爱向后看。等到新闻媒体写出一篇文章，或是准备好一个报道，最佳的投资和交易机会已经丧失了，这不是媒体的错误。一个大事件发生前的许多苗头都是很专业化的，使人感到麻木而枯燥。很少有人想去阅读一种药品的批准流程或是相关的法律文本，发生诉讼时，他们只想知道谁打赢了官司，食品和药物管理局是否批准了某种药品，或是某家公司的盈利是超出预期还是低于预期。有经验的投资者就不是这样，他们根据每一个新的情况来调整自己的投资。他们会跟踪事件发生的整个过程，就是这样监测风险并且获得最大利益的。他们实时操作，根据事件发生的全过程中的每一个细节提前做出决策或是迅速做出反应。

而普通投资者的做法恰恰相反。很多人不了解一个高质量的信息从发布到抵达市场有一个时间差，等到约翰和珍妮一类的普通投资者从新闻媒体上获悉有关情况的时候，游戏早就变样了！普通投资者以为他们根据信息做出了明智的决策，殊不知他们早就成为追逐烟雾的后来者。这也是为什么人们总是习惯于高买低卖，因为新闻媒体的报道引诱他们进行投资，然后又恐吓他们撤出投资。摇滚明星和无名小辈的区别就在于他们用多少时间来关注投资信息。有经验的投资者就像一个信息黑洞一样，源源不断地吸入数据和新闻。他们会不断完善所获得的信息，达到一定规模后，用这些信息实时调整对股票、债券、信用违约互换和其他金融衍生品的价格判断，这些金融产品构成了现在的金融市场。而其他几乎所有人都是通过阅读新闻来做出反应的。

添华证券（Timber Hill）是世界上最大的股票交易公司之一，它的股权风险经理史蒂文·索尼科（Steven Sosnick）曾说："我有一个实时更新的列表，上面列出所有可能破坏一只股票或是改变一个行业形势的已知未知内容。我把这些风险计入我们的价格和仓位。我会每天更新这个列表。我们知道有些事件，即未知的未知事件，会时不时地令我们大吃一惊，所以我们要不断地关注风险，尽量避免大额损失。"①

很多金融报道，包括盈利报告和经济数据，都依赖于华尔街的长期预期。所以，等你读到一篇新闻报道时，那早就是华尔街戴过的旧帽子了。越是大事，这个旧帽子原则越适用。企业利润报告公布前几天甚至几周，就有人开始下赌注。华尔街的分析师都与重要的对冲基金和共同基金的经理保持着长期的联系，很多投资者，尤其是对冲基金，都是通过看涨和看跌期权来就某件事进行投机。在大多数投资者不知道的情况下，他们已经创造出一种牛市或是熊市情绪。因此，等

---

① 来自与作者的对话。

到实际的盈利报告一公布，期权市场的情绪冲向股票市场，股价因此而变得过高或过低。不管有没有期权市场，其他几乎所有的事件都会对股市产生通常模式的冲击，包括法律案件的诉讼结果、药品的批准结果、技术的开发情况等，股票生命周期中的任何一个事件都会对股价产生影响。

你必须对各种消息脱敏，你必须学会去利用消息，而不是让消息利用你，你必须保持怀疑精神。新闻报道很少是预测未来将会发生什么的领先指标。如果你不能预测未来的结果，当结果出现的时候就不要反应过度。不要等到股价很高的时候还去买入股票，也别等价格非常低的时候恐慌卖出股票。有经验的投资者不会这么做。

2011年8月，巴菲特决定投资美国银行。在他投资前，股价接近52周以来的最低点。投资者负面情绪非常严重，股市上谣言四起，风传美联储准备拿出1 000亿美元救助美国银行，前提是美国银行并入摩根大通银行，因为后者拥有更稳健的资产负债表。在巴菲特投资前，媒体对美国银行的报道全都是负面的，有些交易员甚至提醒客户，美国银行将被迫融资500亿美元来偿还不良抵押贷款。简言之，没人愿意买美国银行的股票，因为太冒险了。美国银行就是个易碎的彩色玻璃管，它的高管被广泛质疑。就在巴菲特投资的前一周，美国银行的一个大股东费尔霍姆资本管理公司（Fairholme Capital）安排了一次电话会议，大约6 000名投资者打进电话，向美国银行总裁兼首席执行官布莱恩·莫伊尼汉（Brian Moyniham）提问。这是很不寻常的现象。然而公众认为美国银行没能拿出什么新东西来，美国银行的股价大跌。

可巴菲特投资的消息一经宣布，媒体大肆赞扬他的交易，股价当日就上涨了超过20%。《华尔街日报》指出,巴菲特的投资表示了对银行管理层的信任。也许是吧,但是这场交易的附带条款也是非比寻常的。通过投资50亿美元,巴菲特获得了50 000股优先股,年分红6%,而且能够以5%的溢价兑付。他还获得了在今后10年购买7亿美国银行普通股的权利,每股股价7.14美元。财务细节枯燥而复杂,媒体报道也反映了这一点,但是,投资者还是认可这个消息,并愿意追随巴菲特。美国银行那一周周末的股价上涨了超过10%,当然,在那之后,股价又迅速回落。

作秀的商业

像任何一家复杂的企业一样,没有什么一劳永逸的做法,即使是无所不能的市场也有出现问题的时候。有时候,我们需要根据发生的事情立刻采取行动。而另一些时候,你需要根据信息的变化做出调整,谁让你买了股票呢?你必须把新闻报道看作一次机会,询问自己投资中的一个核心问题:你最初买进这只股票的原因现在是否依然有效?报道中关于企业败诉、生物技术公司的药品未能通过报批等消息都会严重危害股票的生机,你要考虑是否需要卖出股票——接受损失或是收割利润。

在华尔街,大家在与媒体交流时都有作秀的成分。律师和公共关系人士试图管控这个程序,很多时候你会听到沉闷的过于笼统的关于股票市场或是某个公司的评论。

想象一下,当首席执行官出现在CNBC上时会说些什么?当财经频道公布了节目单之后,没有经验的投资者打赌股价会上涨,因为他们认为公司的总裁会说出点有意义的事情来。亚利桑那州立大学商学院教授费利克斯·梅施克（Felix Meschke）的研究表明，接受采访的两天前，在总裁效应影响下的股价会上涨1.86个百分点。梅施克1999—2001年对1 491个公司的3 641名总裁进行了访谈。他发现，从与这些总裁的谈话中能获取的实际信息非常少，而且访谈结束10天后，股价会下跌2.78%。梅施克说："这样的结果佐证了一种猜想，就是热情的公众关注可能会使股价偏离基本面，这也符合媒体炒作的初衷。"①

他将其称作"较强的均值回归"，这是一个重要的金融概念，解释了价格最终会回归到更加正常的状态。还记得我们在前文中讲过的价格的橡皮筋理论吗？当橡皮筋被拉长后，它会反弹，也就是金融术语里所谓的"回归"。价格和新闻事件是相似的。新闻周期常常会从没经验的投资者那里套出钱来，他们通常是听说了或是读到了某些消息，然后就兴奋地决定买入。而经验丰富的投资者通常会高价卖出，然后等着其他投资者最终不可避免地恐慌抛售那些他们高价买入的股票。在学术圈里，这些缺乏经验的投资者被称作"噪声交易者"。这些人缺乏独到的见解或是技能，却认为他们比专业的、厌恶风险的投资者和交易员更有优势。问题是，新闻报道是如何影响股票交易模式的？投资者需要了解这些知识以做出更加聪明的决策。常用的模式是坏消息促使股价下跌，然后股价会迅速回归正常，或者僵持。如果股价最初下跌的原因不是决定性的，那么投资者和分析师最终会平复下

---

① 资料来源：J. Felix Meschke, W. P. Carey School of Business, Arizona State University, CEO Interviews on CNBC, June 2004, http：//ssrn.com/abstract=302602.

来，从更长远的视角来衡量股票价格。好消息往往会使股价一下子涨得很高，然后，像坏消息的影响一样，价格通常会在接下来的一两天里恢复正常。因此，最好在股价迅速上涨时稍微等一下，等这个上涨的浪潮退却了，股价往往会下探一些。在上涨过程中匆忙买入是错误的，那说明股民没有完全理解市场的运行规律。

请记住，在各种卖出的压力面前，那些投机商人却能在价格下跌中看到机遇，因为那些跟风投资的交易员或是更加激进的投资者痴迷于购买那些他们认为最后不会出现预期损失的股票。买入压力也是如此。或早或晚，买家和卖家都会花光钱，然后股价就会停止上涨或是下跌。这个标准适用于所有引发交易或是投资的新闻报道。等到这件事真的发生了或是最后没有发生，还有什么力量会影响交易呢？如果答案是否定的，那么你可以静待市场发挥作用。最后，股价很可能会趋于稳定。这种正常的反应被很多人误解，他们总是因为贪婪买入和恐慌卖出而遭受损失。

语言就是武器

经验丰富的投资者都明白，普通投资者有一种本能，他们会在错误的时间因为错误的原因买入股票。他们把普通人的这个弱点当作自己的优势，以此来减少他们自己在市场中犯的错误。比如，他们可以利用这个弱点把自己投资的一些糟糕的股票推给那些更不了解市场的投资者，一种惯用伎俩就是利用谣言获利，这是伴随着网络和低廉交易佣金而兴起的一种诡计。它特别容易实施，而且天真的投资者对此没有任何抵抗力。在华尔街，购买一家收购目标的股票就相当于中了彩票，因为收购的一方往往会为被收购的企业付一定的溢价。金融媒体本来是有能力粉碎这些谣言的，但是那些利用谣言的人很好地利用了媒体运作机制中的一些漏洞。每家新闻媒体都希望能够抢先发布消息，如果能抢到一家并购案的提前发布对媒体而言是一次巨大的胜利。记者深知这一点，所以谣言获利者就会散布以下几方面的内容来引导记者产生误解：期货和股票交易市场上的交易量出现异常，面对市场质疑被收购目标对外声称"无可奉告"，最好再有一两个交易员承认确有谣言存在。最理想的状态是，谣言的主角出现在某个最近发生过并购的行业中。因为人们通常认为，在刚发生过并购的行业里，其他企业也需要通过兼并来获得市场定价权，或是与一个更大规模的竞争对手竞争。这些特点使谣言变得更加真实可信。

区分是真的并购还是谣言的一种方法是看谣言何时进入市场。等到周五，在谣言的影响下，经历了一周的股票和期货的建仓，市场充斥着关于这家企业将会在周末被另一家企业收购的传闻。有人也许会联系一个记者或者专门做媒体服务的人。或许期货交易额度非常大，甚至会出现在监测市场情况的非正常交易量显示屏上，这常常会进一步推动谣言的传播。从20世纪90年代末开始，非正常期权交易就一直是预测企业并购的一个可靠标准，很多主流媒体，例如道琼斯新闻、彭博或是路透社都会提到这一点。即使在这个故事被报道前，华尔街的各家媒体早就因交易员的喜好广泛传播了这个消息，包括交易新闻网（TradetheNews.com）和传闻网（Theflyonethewall.com）。当记者打电话询问某人这个谣言的真实性的时候，这个人或许早就在各路媒体上听过了相关的报道。但是，一旦谣言被证实是假的，就会很快传播开来，那些一周前听信谣言而花高价购买的看涨期权或是股票将会迅速大幅下跌。等到周一，因为没有出现并购，股价就会下跌。事实上，并购的消息确实是经常在周一公布，但是真正的并购交易很少会提前泄露给媒体。

新泽西麦克米兰分析公司的总裁拉里·麦克米兰（Larry McMillan）说："很多不道德的交易员故意散布谣言，目的只是为了将自家不想要的仓位卖给毫无风险意识的交易员。特别是当某只股票出现了坏消息，然后关于并购的谣言四起时，那极有可能是假消息。有些媒体在报道前会对该消息进行独立证实，但不是所有的媒体都会这样做。所以，总是有这样的可能，如果某只股票相关的消息出现在某个所谓的高端媒体上，很有可能是卖方把消息传给了那家媒体。因此，不要相信那些没有基础、突然出现的谣言，但是要持续跟踪市场消息。"[1]

麦克米兰说，如果三个并购消息几乎同时出现，那么谣言很可能是真的。同样的，如果一家企业自己说它正在寻求战略调整，那也经常表示投资该企业的银行家想卖掉这家企业。

| 相信，但是也要验证 |

在华尔街上，信息就是武器，语言则是大炮或是伪装，既能攻击也能欺骗。乔治·奥威尔[2]（George Orwell）的话也可以用在商业上，

---

[1] 资料来源：McMillan Analysis Corp., *The Option Strategist* 19, no.16, （August 27, 2010）.

[2] 英国著名小说家、记者和社会评论家。

他在 1946 年写道："政治语言，就是要让谎言听着真实，让谋杀受人尊敬，让纯粹的空谈显得无懈可击。"这就是华尔街和商业语言的真实写照。①

在华尔街或是在美国企业界，分享信息不是语言的目的。在商业领域，一个人的损失意味着另一个人的获利，语言会泄露信息，因此不同于提供背景或是意义。

前美国证券交易委员会主席阿瑟·莱维特认为，多数金融信息披露都是为了保护提供信息的一方，而不是获得信息的受众。莱维特说，这是因为多数发行股票、债券或是其他投资工具的发行方担心，如果语言太平实，其他人就会了解风险在哪里。"假设一个股票发行人说：'如果买了这只股票，你可能会输的连裤子都不剩。'那你还会买吗？"莱维特说，"正是这样的问题导致上次金融危机中出现了很多大丑闻。各种投资被打包出售，而不直接披露这些产品的风险程度。每个产品都会有大量的文件叙述、脚注和免责声明，就是没有任何清晰度和重点介绍。一般来说，我们可以简单地认为，一个产品的介绍文件越多，该产品就越容易失败。"②

换句话说，风险和发行方愿意提供的信息是成反比的。提供的信息越多，说明这项投资风险越大。

企业，包括销售投资产品的任何一方，只想说明如何保护他们自己免受法律追责并且符合监管条款，他们的陈述通常是反映了证

---

① 资料来源：George Orwell, "Politics and the English Language"（essay），1946.
② 资料来源：Arthur Levitt, "A Word to Wall Street：'Plain English' Please," *Wall Street Journal*, April 2, 2011.

券交易委员会等监管方的最低监管标准。即使是市场监管者，也常常搞不清楚他们的监管对象到底在做什么。议会的调查机构总审计室曾经做过一项划时代的研究，研究结果证明证券交易委员会的力量配备不足以对市场进行有效监管。证券交易委员会长期人手不足，并且对所监管的企业了解不够。一些批评人士表示，证券交易委员会并不完全理解其所公布的交易规则的影响，特别是对电子交易系统的了解不够，这使得机构投资者比普通投资者多出很多的优势。

证券交易委员会不能及时批准基本的交易规则，更不能确定企业的报告是否真实可靠，这是投资者的大问题，也就是本书的读者你的问题。通过语言查找线索，这看起来可能显得过于极端甚至有点偏执，但即使是偏执狂也是有敌人的。分析语言，你会发现企业雇用了大量的媒体顾问和律师，他们最讨厌使用清晰准确的语言，这使公共文件变得更糟，读者必须具备专业知识，才能了解字里行间透露的信息。即使是年度报告，这本来应该是了解一家企业监管报备和运营情况的关键文件，也是部分是公关内容，部分是事实。报告的前半部分基本上是营销材料，真实情况都埋藏在金融报表和管理层的讨论和分析中。

媒体经常要从大量的表面文章下艰难地搜寻有用信息。记者必须与消息来源保持良好的关系，能与之讨论企业信息的人非常有限，所以很多记者总是找银行的分析师交流。分析师能够跟踪企业运营，而记者做不到，他们与企业的关系比记者与企业的关系更紧密。分析师常常说出企业想说的话，这是一种无声的交易。他们有更好的获取信息的途径，或者至少有能力去辨别信息，他们能让管理层来会见他们自己的客户并且讲述故事。路演，也叫营销之旅，每天都在全球纵横交错。企业明白哪个分析师更了解他们的观点，或者与企业持有同样的观点。他们有时候试图指引记者去找这些分析师，来创造一种信息的闭合回路，使得公司的观点能够更加深入人心。每当你听到分析师的观点与企业的观点一致时，请做个记录。这有可能是因为那个分析师正在极力地讨好企业。而好的记者和分析师都尽量避免这一点，他们试着更深入地研究企业的供应链和客户，从企业的夸夸其谈中探究企业的实际情况。

次贷危机后，华尔街普遍将企业的高管看成是一堆病态的骗子。雷曼兄弟就是这样，据说他们用会计伎俩掩盖真实的财务状况，与其他很多企业合谋欺骗投资者，在短期业绩恶化的情况下许诺长期业绩将会很好。最后，事实证明企业的困境已经无法逾越。很明显，有些高管撒谎了。美国企业的诚信问题在很大程度上与管理层的薪酬制度紧密相关。他们的大部分薪水都是用股票期权付的，如果股票上涨了，管理层就能得到更多的钱。

因此，很多公司总裁就像是希腊神话中的纳西索斯一样：那个男孩倾慕于自己的美貌，每天盯着湖水中自己的倒影，最后掉进湖里溺水身亡。管理层的薪酬似乎在许多企业中都是用同样的方式来支付的，特别是企业的总裁。他们现在越来越像股票推销员，更加关注他们的股票的短期波动，而不去关注企业的长期发展业绩。从某些角度看，标准普尔500指数企业的总裁平均在任5年左右，这刚好是一个股票市场周期的长度。总裁们的薪酬是用股票进行支付的，因此他们本应该将自己的利益与股东的利益挂靠在一起。但是这个结论在现实中似乎并不成立。相反，目前来看，主流的结果是创造了一大批非常有钱的企业高管，他们的生活比大多数股东，甚至是该公司的股东的生活都好很多。很有可能有些总裁爱上了自己的股票，忘却了公司发展的长远目标。因为很多总裁管理公司的时间仅有一个股市周期，能够见证一次牛市的诞生、消亡和重生，所以他们非常关注自己的薪酬，特别是企业的股票价格，也就合乎逻辑和情理了。股价最终影响的是他们的价值，而且是在他们职业生涯中最有利可图的一段时间中能创造的最大价值。很多总裁常常抱怨说，华尔街太关注短期利益，不做长远打算，这话都是空话。现行的薪酬体系就是要保证总裁关注短期股票的走势，这是机构投资者评价他们的投资成功与否的标准，如此一来，也就是要关注总裁自己的薪酬每3个月到一年内涨了多少。这是个恶性循环。高管股票薪酬制度有可能把高管变成了穿着昂贵西装的股票销售员。总裁们成为精心经营公共关系和投资者关系的专家，最终他们会选择报喜不报忧，弱化企业面临的风险。他们不想着如何沟通，而是想着如何说服别人；他们不去诚恳地讨论公司当前面临的各种问题，而是夸夸其谈搞得别人无法了解真相。企业创造出它们毋庸置疑的假象来欺骗投资者、分析师、监管者和其他利益相关方。企业沟通往往像是一场政治运动，他们不讨论股价的不断高涨是否会有风险，不想企业的未来是否存在不确定性，只一遍又一遍地重复官方的谈话要点和公司办公室拟定的宣言，假象在这里成为现实。糟糕的事情往往接踵而至。大约60年前，研究权力的社会学家赖特·米尔斯（C. Wright Mills）曾经担忧为了大众消费而散布消息将会带来腐蚀性的后果。在他的《权力精英》（*The Power Elite*）一书中，描述了对权力的研究，他指出："另外，很多有成就的美国人非常了解公关辞令，在有些情况下，当他们感到孤单时会使用这些辞令，并且会逐渐相信这些说法。"①

在次贷危机中期,全美第四大商业银行美联银行更换了首席执行官。鲍勃·斯蒂尔(Bob Steel)于2008年就任这一岗位,他曾就职于高盛集团,还曾经是美国财政部的助理副部长。斯蒂尔就任后的第一步就是录制了一段视频,在美联银行公司网页的显著位置播放。他还买了很多美联银行的股票。当时,很多人担心美联银行会破产,因为它被卷入大规模的银行债务中。斯蒂尔的视频中并没有介绍这一点,他在视频中说:"尽管最近全美的金融新闻都让人感到忧心忡忡,而美联银行当然也未能免受影响,但是我想让大家知道,我们银行的基本面特别稳健。"②

在斯蒂尔任职之时,美国全国广播公司《疯狂金钱》(*Mad Money*)栏目的主播吉姆·克拉默(Jim Cramer)称赞他是一位机智的、有远见的、勤奋的工作人员,认为他了解市场,知道这个市场发生了极大的问题。克拉默说斯蒂尔了解华尔街和普通的投资者,甚至建议观众购买美联银行的股票,还说他曾经在高盛集团作为斯蒂尔的下属与其共事。到了当年10月,就在斯蒂尔录制视频声明的3个月之后,美联银行公布亏损240亿美元。当时,股票已经在过去5年里跌去了87%的价值。美联银行最终被富国银行以每股7美元的价格收购了。

这个故事和雷曼兄弟的故事很相似。雷曼兄弟的首席执行官迪克·富尔德(Dick Fuld)曾经明确地谈到雷曼兄弟的财务状况是健康的,

---

① 资料来源:C. Wright Mills, *The Power Elite* (New York: Oxford University Press, 1956), 5.
② 资料来源:Steven M. Sears, "The Striking Price, Trust Options, Not Corporate America," *Barron's*, October 23, 2008.

结果那次电话会议成为雷曼兄弟公司讨论季度财务状况的最后一次电话会议。富尔德任首席执行官时间很长,他将雷曼兄弟建成了一个全球性的大企业。据报道,他拥有差不多10亿美元的雷曼兄弟公司的股票。他说:"我们相信我们公司的财务状况最稳健,资产负债表最清晰,我们能够为客户提供良好的服务。"① 这里的关键词是"相信",就像斯蒂尔在声明中说的"特别稳健"一样。同时,富尔德也曾是全球金融市场最受尊敬的人之一。

人们一般都愿意相信首席执行官和政治领袖是诚实而值得尊敬的。但事实上有些是,有些则不是。能够确定的一点是,企业高管和投资者之间总是存在着这种战争。高管如果万事皆顺利就会得到更高的报酬,一旦不顺利就会很快被解雇。所以他们总说一切顺利,他们要做的就是维护好自己的权力。

语言 + 数字 = 现实

确切地说,市场能够发出响亮的声音,但是你要懂得如何去听。你必须学会用数字思考问题,因为华尔街最重要的语言就是数字,数字决定了故事的脉络。无论是证券、股票、债券还是大宗商品,都是根据每个公司和行业运作的好坏来进行排序,都可能赚钱或亏钱。这些排序都是由市盈率乘数、收入和利润增长以及其他事实决定的。要更多地关注数字、数据,而不是华尔街的话。股票分析师给出的投资评级,如强烈建议买入、买入、观望,实际上意义并不太大。塞客

---

① 资料来源:Steven M. Sears, "The Striking Price, Trust Options, Not Corporate America," *Barron's*, October 23, 2008.

（Zack）投资研究公司的数据分析表明，从 1997 年以来，大多数标准普尔 500 指数公司都有较高的分析师评级。1999 年，在互联网泡沫破裂之前，395 只股票的定级是买入，37 只是强烈建议买入，68 只是观望，没有 1 只股票的定级是建议卖出或者强烈建议卖出。即使是在 2007 年次贷危机之前，多数股票的评级也都较高。但是，表现最好的股票通常带有最糟糕的评级。

有很多先导性、滞后性和偶发性的信息、数据和指数，这些数据可能会把你逼疯。这些信息蔑视了多数人处理数据和做出决策的能力。雅虎金融网是访问量最多的一个金融新闻网站，它对于在网页上放多少信息是有限制的。雅虎受众集团副主席詹姆斯·皮塔罗（James Pitaro）说："我们通过用户调研发现，一个网页上存放的信息量越大，用户越焦虑。"他说雅虎采用的是苹果模式的简洁的外貌，来避免"使用者感到一页上信息负担过重"。[①]

请注意他没有用"读者"这个词。用户和读者利用信息的方式不一样，读者关注事实和实质性内容，用户则更加关注外观。19 世纪法国社会学家古斯塔夫·勒庞（Gustave Le Bon）写了一本书叫《乌合之众》，指出大众通过外观来进行思考。他认为，大众非常容易受到"感染"，这个词现在常用于描述对经济危机的恐惧从一个国家蔓延到另一个国家，或是从金融行业蔓延到整个市场。逆向思维理论之父汉弗莱·尼尔受到了勒庞的影响，他说："因为大众不思考，而是凭冲动采取行动，所以公众的意见经常是错误的。同样的，因为

[①] 资料来源：Randall Stross, "Where Yahoo Leaves Google in the Dust," *New York Times*, August 22, 2009.

大众总是被某种感觉或是情绪所绑架,你会发现公众热情地参与各种狂热的追逐,而且每次都是等狂热的风潮达到一定的势头时参与进来。这可以通过股市来得到印证。当价格低迷或是浮动较小时,公众往往感到满不在乎;一旦价格上涨或是别人开始买入时,公众的注意力就提高了。公众尤其容易受到价格高涨的吸引,因此,过去曾经发生过股市操纵者操纵股票、推高股价,引诱大众入市的事情。"①

美国独立投资者调查协会为投资者提供了一个机会,使用这些观点来认真研究制定投资决策。每周,协会都会要求成员填写一张问卷调查,问题包括:接下来6个月中,他们认为市场会是牛市、熊市还是中性的?协会说自己的问卷调查很独特,因为它代表了上层活跃的、亲力亲为的投资者。协会的会员是平均50多岁的男性,拥有研究生学位,拥有至少50万美元的投资组合。调查对投资者情绪的分析往往代表了股市的转折点,极端的恐惧或是乐观都是典型的市场形势逆转的信号。就像尼尔所说:公众在趋势之间做出的决定是正确的,但在趋势两端做出的决策都是错误的。历史证明了这个论断。

1990年11月16日,当伊拉克入侵科威特时,美国独立投资者调查协会的乐观情绪跌至历史最低点,只有12%。投资者有理由感到恐惧。当时,协会的分析师韦恩·索普(Wayne Thorp)说,石油价格正在上涨,美国经济疲软,标准普尔500指数在过去的3个月里降了约5%。② 而过去12个月里,标准普尔500指数上升了约26%。同

---

① 资料来源:Humphrey B. Neill, *The Art of Contrary Thinking*, 6th enlarged ed. (Caldwell, Idaho: Caxton Press, 2010), 34.
② 资料来源:Wayne A. Thorp, "Using Investment Sentiment as a Contrarian Indicator," http://aaii.com/files/sentimentCIfeature.pdf.

样的，极端牛市往往预示着股市将要下跌。在 1987 年 10 月市场崩盘前的不到两个月的时间里，美国独立投资者调查协会的会员对于股市非常乐观，而且理由也很充分。截至 1987 年 8 月 21 日，标准普尔 500 指数在 3 个月间上涨了将近 20%。当然，股市很快就崩盘了，1987 年作为大萧条的一年被载入金融史册。

当美国独立投资者调查协会发出极端牛市或是熊市的信号时，你就要注意了。如果你看到美国独立投资者调查协会的数据达到了历史高点或是历史低点，那么股市很可能到了一个转折点。一个指数不能做到万无一失地预测，但是能够帮助你评估新闻报道的真实性，通过市场的数据确定公众是不是太过乐观或是悲观。美国独立投资者调查协会的邮件会及时发布调查报告，注册该协会的邮件提醒很有必要。

为了避免从众心理，投资者必须穿越市场乱象，创造一个有效的数据库。首先，跟踪标准普尔 500 指数。这个指数包括了 500 只全美最大的股票，当这个指数上涨或下跌时，常常会影响所有其他的股票。道琼斯工业平均指数更加著名，但重要性不如它。道琼斯只包括 30 只股票，而且也代表不了什么，因为它计量的股票太少了。道琼斯指数的主要作用是挖掘投资者情绪，因为很多非职业的投资者用道指来定义市场。如果道指上升或下降，你就能明白投资者为什么感到恐惧或是信心高涨。每 1 个道指的点代表了大约 9 个标准普尔 500 指数的点。纳斯达克 100 指数是纳斯达克股票市场的代表（两个最主要的交易所分别是全电子化的纳斯达克股票市场和纽约股票交易所），它会告诉你科技股的情况。罗素 2000 指数主要跟踪中小市值股，特别是那些市场市值（发行股总数）少于 50 亿美元的企业的股票。罗素 2000 指数常被认为是美国经济的完美代表，因为很多小企业往往没有能力在全球进行运营。还要跟踪10年期美国国债的收益率，用它作为无风险投资回报的产品的参照系。每次市场周期都有所不同，但是如果无风险的10年期美国国债的收益很高，那么投资者很可能卖掉股票，买入高收益的债券。

上述这些指数可以帮助你很好地评估市场活动，了解到投资者的想法。

要想了解股票市场的真实情况，需要深入研究期货市场。期货市场是股票市场的心跳，也是它的概率实验室。在这里，成熟的投资者定期透露他们认为某只股票乃至整个股市会发生什么情况。

为了监测精明能干的投资者对今后30天股票市场的情绪变化，芝加哥期权交易所的波动率指数很值得关注。波动率指数是由标准普尔500指数期权组成，通常与股票市场呈反方向移动。当波动率指数升高时，股票价格应该在下降。当主要投资者感到担心时，他们买进标准普尔500看跌期权来对冲股票组合的风险。当波动率指数下跌时，股票价格应该正在上涨。有时候，波动率指数和股票市场之间的关系会出现混乱。股票市场在上涨，波动率指数也在涨，这就说明成熟的投资者担心这一轮股票上涨很可能会以大跌告终。理想的状态是，波动率指数就像是煤矿里的金丝雀一样，能够在股市调整或者崩盘前提供及时的警告。多数时候，波动率指数在调整期中期最为有效，可以很好地衡量恐惧的程度，而极度恐惧往往意味着调整期的结束。波动率原则是一种逆向逻辑，可以简单地归纳为：当波动率指数很高时，应该买入；当波动率指数很低时，应该离开股市。

期权，属于股权衍生品，是根据股票的潜在价格定价的。投资者买入卖出看涨期权或看跌期权，看涨期权就是当股票价格上涨时期权价值上涨，看跌期权就是股票价格下降时期权价值上涨。看涨和看跌期权的有效期不同。你可以买入看涨期权或看跌期权，有效期从1个月到2年左右不等。因为一个期权合同代表100股普通股票，且看涨和看跌期权本身也与相关的股票价格有一定联系，因此经验丰富的投资者常用期权来表达他们的观点。大量买入看涨或看跌期权，常常意味着成熟的投资者预估股票要上涨或下跌。

看跌和看涨期权可以帮助你更好地了解股票。可以关注有效期在1~3个月的期权。如果确定了公布盈利情况的时间，投资者认为前景较好，通常会买入看涨期权，反之则买入看跌期权。期权市场不总是全部正确，但是能够给你提供足够的信息来过滤各种新闻报道，提高你的概率思考的准确性。你可以关注期权结算公司的网站，通过观察各种交易活动得到更多的信息。期权结算公司负责所有期权合同的发行和结算，该公司的网站上有一个批量查询的功能，投资者可以利用这个功能按照股票名称和消费者类型分类检索交易情况。通过认真的分析，你会发现投资者并不是平等的。在期权市场上，订单是由客户、公司和做市商共同分享的，代号为C、F、M。客户包括个人投资者和对冲基金，以及其他的精明能干的投资者。公司订单通常是留给职业投资人的，包括银行的自有资金交易平台、对冲基金以及其他负责任的投资者。做市商就是交易员。分析订单情况时，可忽视那些做市商，因为他们基本上总是在对冲，极力避免订单陷入看涨或看跌的两极。你要看客户，看他们交易了多少看跌期权和看涨期权，比较一下企业的订单数量。总的说来，这可以帮你粗略、迅速地找出聪明的钱和傻瓜的钱。当然这也不是100%准确的，市场上没什么东西是完全准确的，但是这是确定市场深处正在发生什么的最好的方法。认真做这些计算，然后你会得到比大多数投资者更准确的信息。

第五章 混乱

在 20 世纪初期，年轻的丘吉尔带领着一群年轻的下议院成员，那时他们被称为"流氓"。每到周四，他们会邀请一位政治名人来参加晚宴，讨论当下的重要事件。约瑟夫·张伯伦（Joseph Chamberlain）当时是英国重要的政治名人，1901 年 7 月，他加入了这群人的晚宴活动。那天张伯伦玩得很开心，当他要离开时，他决定用经验和智慧回馈这些招待他的年轻人。

"你们这群年轻人今天让我过得非常开心，作为回报，我要送给你们一个无价的秘密——关税！关税是政治的未来，在不久的将来你们就会看到。"张伯伦大声说。"认真研究关税，使自己成为它的主人，你们绝不会为今天款待我而感到后悔的。"① 丘吉尔认真思考了关税的重要性，最终还是拒绝了那种希望通过对进出口货物征收额外税收来保护经济的做法。他制定政策鼓励自由贸易的增长，为 100 多

---

① 资料来源：William Manchester, *The Last Lion: Winston Spencer Churchill, Visions of Glory 1874-1932* (New York: Dell, 1983), 351.

第五章 混乱 / **109**

年后的经济全球化奠定了基础。现在，在 21 世纪之初，投资者必须与丘吉尔的晚餐效应做抗争。波动性是全球化具有破坏性的一面，它已经成为黑天鹅的两翼，而黑天鹅总是盘旋在现代市场之上。

金钱永不眠

世界在不断演进，有些批评家甚至说世界已经变成了一张巨大的资本流转图。金钱的河流从一个投资活动汇入另一个投资活动，从一个国家流向另一个国家。自 1990 年以来，全球资本流动的增长速度超过了全球国内生产总值之和。

如果我们从外太空看地球的话，假如能设法点亮那些资金流动线路，你就会看到在美国、欧洲和亚洲涌动着巨大的海洋和河流。还有一些被波浪不时断开的规模较小的海洋，主要分布在越南等新兴市场国家。在一天的不同时间段，资金池会随着开市和闭市而发出红光。在这些海洋和河流里流动的资金，被称为流动性，它们在不断变化。跨境资本流动的增长证明全球都浸淫在投资活动中，所有这些钱，包括投资于股票和债券的钱，环绕着整个世界。

所有与衍生品相关的金融产品分布在债券和股票市场中，它们最终把全球市场都连接在一起，也就是说，如果有一个地方出了问题，这个问题就会像超级病毒一样感染其他市场。这使波动性成为一个市场怪物，而且随着世界上那些资金雄厚且精明能干的投资者都在努力追求越来越少的机会来获取高额投资回报，市场的波动性也越来越大。

反常行为

更多的钱追逐更少的投资机会将会带来拥挤性交易（crowded trades），这是现代市场中经常使用的一个术语。这也意味着将会有更多的潜在波动性。过去一个方案能吸引 5 亿美元，现在能够吸引 10 亿美元，而 10 亿美元的交易也许能吸引 50 亿美元。这些钱投资在股票、债券和金融衍生品中，可能几天、几个月甚至几年都不会动。当这些钱退出交易的时候，波动性就随之而来。拥挤性交易意味着主要投资者越来越缺乏原创思想，这并不明显，但是，它也许会催生出一些反常的行为，可能会伤害许多人。

2005 年，时任国际货币基金组织首席经济学家拉古拉迈·拉詹（Raghuram G. Rajan）写了一篇文章，提出对自 1975 年以来金融系统发生的大变革感到担忧，他认为技术和复杂金融产品的出现使全世界变得更加危险。大多数人反对拉詹的看法，但是两年后，当 2007 年次贷危机在美国出现后，他的预言得到了证实，而全世界金融市场很快被危机吞噬。拉詹现在在芝加哥大学商学院做教授，他指出很多投资经理可能会出现一系列反常行为，值得担忧。这些反常行为的表现如下：

投资经理比其他人拥有更多的知识，能够创造更好的业绩，但是也会有一系列反常的行为。一是向投资者隐瞒承担的风险，因为风险和回报紧密相连，经理人隐瞒了风险程度后，他的绩效看起来比承担同等风险的同行们要好很多。具体说来，因为只需要定期汇报投资情况，有些风险很容易被隐瞒，例如投资那些可能会带来严重后果,但是同时大多数时间能够提供高额回报的产品。这些风险被称作"尾部风险"。二是产生从众心理,就是参照其他大多数投资经理的做法确定投资决策,因为这可以保证投资经理的业绩不会比其他人更差。从众行为能够使资产价格偏离基本面。①

如果这个群体受惊了,改变了主意,或者是发现他们的分析有致命缺陷,就会给市场带来波动性爆炸,一个著名的例子就是曾有人认为美国的房价永远都不会下跌。在这样的时刻,一件事的变化很快会触发另一件事的变化,因为所有的事情都紧密相关。当股票之间的相关性增加时,选择哪只股票进行投资也就不太重要了。

如果这些事情相互隔离,整个事态就不会变得那么严重,可惜事实不是这样的。大型基金公司和大型银行的交易模式就像是一个巨型的锁链,其中每一个链条可能包括债券、股票、大宗商品和金融衍生品。突然间,意料之外的一件事导致一个链条出现了动荡,那个链条可能只是小幅摆动,但是如果这个涟漪的波动性超出了金融模型和链条的承受力,那么链条就可能断裂。

复杂的交易和全球经济力量总是会影响那些一心只想维持生计的普通人。曾几何时,普通人可以忽视全球经济的力量,但现在可不行了。金钱能够随意在全球流动,使所有人暴露在复杂的、后果严重的金融风险中。人们再也不能通过购买高质量的股票来保障投资安全

---

① 资料来源:Raghuram G. Rajan,"Has Financial Development Made the World Riskier?" NBER Working Paper No. 11728, November 2005. www.nber.org/papers/w11728.

了，也不能再去做出那些过去认为是保守的金融决策了。

就在2007年次贷危机爆发前，美国财政部的一份不起眼的小报告曾得到华尔街的广泛关注。报告指出，由于资本市场机构化水平不断提高，投资者无法完全了解一个复杂产品包含的全部风险，因此难以合理地评估风险。如果这些产品受到合理管控，那么不会给人带来任何问题。如果市场能够清晰划分不同产品的界限，那么即使一种产品出现了问题也不会影响所有的股票和债券。然而，这种安全保障并不存在。很多购买证券化产品的公司，例如我们在本轮次贷危机中多次看到的那些公司，通常会用大量借来的钱（加杠杆）进行投资，而且投资交易的关联度较高，这就使得一个领域出现的问题能够影响更大范围的市场。对此，美国财政部指出："投资活动可能存在扰乱更广阔市场的风险。"

随着交易型基金（ETF）的兴起，当华尔街决定向那些喜欢做资产投资的普通民众兜售期货交易的时候，这一情况变得更加严重。资产投资原本与股票价格不存在关联。交易型基金属于共同基金，像股票一样，在交易时间上有一定的滞后性。当你买入交易型基金的时候，交易型基金将会买入一篮子股票，这样就构成了一个交易型基金的单位产品，然后由投资者买走这个单位产品。期货与此相似。当你买入标准普尔500指数期货合同的时候，你实际上是对500只股票下了买入订单。因为很多人，特别是对冲基金，使用交易型基金和期货交易来预判交易趋势，迅速地买进卖出，从中获利，因此很难打败市场。但这样的行为大大提高了市场产品的关联度和波动性。在2011年6月，《华尔街时报》报道，交易型基金规模已达9 970亿美元，而10年前的规模仅为656亿美元。交易型基金的交易量近年来上涨很快，甚至超过了共同基金，成为很多人的主要投资渠道。

次贷危机后，期货越来越受到投资者的欢迎，成为一个奇妙的投资组合，因为人们认为期货市场与股市没有什么关联度。当然，随着越来越多的人开始投资期货，这种情况也会发生变化。随着期货投资规模增大，股市和其他资产之间的资金变动也会越来越频繁。所以那种"投资蓝筹股就能够避免受到其他市场或其他国家高风险行为的伤害"的说法，其实不是真的。你的投资，尽管是精挑细选，也可能会被你的理财顾问或是研究人员评定为保守的或是过激的投资。你以为你可以找到一个中间的位置，但这场游戏更多的是被主力投资者主导的，他们在私人市场里的运作已经超出了监管者的认识范围和监管界限。就像斯瓦希里人曾经说过的一个悖论："当大象跳舞的时候，草地必将被践踏。"

| 黑天鹅的名片 |

为了避免被冲垮，你必须学会与波动性做朋友。波动性是现代金融市场的吉祥物。它十分重要，世界上最大的几家华尔街银行，包括高盛在内，都曾经发表过研究报告，它们给最好的客户提建议：应该考虑将波动性列为一个投资资产类别，就像投资股票和债券一样。

事实上，波动性一直受到世界上最精明能干的投资者的密切跟踪。波动性到处都是，现在，你可以忘记世界是充满了人、文化和城镇，而把它想象成一个巨大的股市，没有其他的东西了。想象一下，一个巨大的地球悬浮在你眼前，这个地球由很多交错纵横的线路构成，就像是经度和纬度那样。这些线就是波动性，它们是不可见的，而且是金融市场活动的副产品和计量物。波动线路主要是受到股票、债券和信贷违约互换的影响，非常敏感，能够掌握很多不同的市场和经济领域中的变化。有时候波动性是有益的。当市场有充足的流动性，能够吸收股票出入市场，或是对不同资产类别的变动产生影响时，波动性就是有益的。另一些时候，波动性是狂躁的，具有毁坏作用。这种情况发生在大家想要同时卖出股票，或者想同时买入股票的时候，当然在股票价格大幅上涨时人们一般都不太担忧，但实际上这也是波动性的一个例子。

市场地图

波动性是股市的中枢神经系统，每一种股票和指数都是用波动性来计量的。在任何时候，你都能够核查股票的波动性，例如苹果、高盛公司，或是道琼斯工业平均指数，或是石油、黄金，或是几乎所有你拥有的以及想要拥有的股票和指数的情况。精明能干的投资者非常需要这些数据，芝加哥期权交易委员会用很大的精力来做波动性指数分析，并将这些数据免费公布在其网站上。

波动性就是道琼斯工业平均指数出乎意料地上升或下降几百点。但是波动性也是一个数学概念，代表了一个股票的价格过去变化了多少，以及未来可能变化多少。波动性体现为一个数字。1991—2011年，标准普尔500指数的平均波动性为20。一家机构的股票，例如南方公司，波动性一般为12%。这就是说，股票基本没动。一家生物技术公司的股票价格的波动性可能达到140%甚至更高。如果一个股票实际波动性较低，但是潜在波动性很高，那就是说成熟的投资者预计股票将出现大的变化。用波动性分析和预测股价的一个劣势就是波动性只能告诉你股票价格可能会动，但是不会告诉你是上涨还是下跌。

就像丘吉尔研究关税一样，投资者必须研究波动性。有两类波动性：一种是历史波动性，也叫实现波动性，主要是介绍过去的情况；另一种是潜在波动性，能够预测未来将要发生的变化。潜在波动性和历史波动性定义了股价变动的界限。波动性可以从 0 一直到超过 100%。

波动性一直在变化。波动性的久期可长可短，从一周到两年均有可能。这可以通过跟踪交易所股票和指数相关的期权来计算。在私营的柜台交易市场，银行会创造一些产品，让富有的投资者猜测波动性会延续较长时间还是较短时间，以此来进行投机。

极少数交易员和投资者，包括巴菲特在内，会交易波动性。他们用几十亿美元来打赌，今天、明天或 15 年内的某个时间点的股票市场会上涨还是下跌。波动性交易十分复杂，做这方面交易的人都属于一个专门的俱乐部。

现在，我们来想象一张日历。就像普通的日历一样，这张日历上有日、月、年，但是它的页面上有一条线，描绘着每天、每周、每月、每年的变化。这条线就是衡量波动性的"期限结构"。这条线不断上升，因为未来是未知的，而未知的总是波动性大的。这个日历与股市有些重合，能够为波动性交易创造机会。

如果你从中间商或是保险公司的推销员手里买来一种可变年金产品，那么你就和波动性市场有关了。保险公司为退休金提供担保的方法，就是通过在流动性市场对冲风险。保险公司一般买进标准普尔

500指数的看跌期权，期限为10~15年。看跌期权就是当相关证券产品价格下跌时，期权价格上涨。所以，如果标准普尔500指数下跌了，看跌期权上涨，可变年金就不会亏损。很少有投资者有足够的信誉、资源来投资一大笔钱，并且期限长达10年之久。只有少数的几个主要投资者，比如退休金基金或是巴菲特有实力玩这个游戏。

因为所有人都知道保险公司必须买这种合同，并且期限为13年的看跌期权经常是非常贵的，所以每当合同快要到期，开始出售合同的时候，股票市场就会出现剧烈震荡。据说，巴菲特常常卖出标准普尔500指数13年期的波动性合同。根据2008年摩根大通公司的报道，超过1.5万亿美元投资在可变年金中，超过60%的合同投资于股票。

跟踪波动性的最好办法就是跟踪期货市场。芝加哥期权交易委员会有权制定波动性标准，其中最著名的一种，就是波动性指数，它是跟踪标准普尔500指数的。如果波动性指数低，就说明投资者对未来30天股市的情况乐观；如果波动性指数很高，就说明他们比较紧张。波动性指数也常常被称为恐惧标准，它使用了多种非常复杂的公式，涵盖了标准普尔500指数的看涨和看跌期权，然后得出一个简单的数字，确保所有人都能够理解它的意义。即使他们不理解什么是看涨或看跌期权也无所谓，波动性指数就是要告诉投资者，最复杂的投资者认为股市将在未来的30天发生什么。过去的20年里，波动性指数低于20，被认为是投资者对于股价感到乐观；高于20，则意味着投资者感到焦虑，认为股价会下跌。逆向投资者认为，超高波动性指数意味着成熟的投资者要与大众反向而行。在2008年次贷危机期间，当波动性指数高达90的时候，实际上是股市即将上涨的标志。为什么？因为这意味着所有人都在卖出股票，买进看跌期权。极端的恐惧就是牛市的开端。

所有的股票投资者都应该关注波动性指数。它对于投资者的重要意义不亚于金丝雀对矿工的警示意义，波动性指数会预警股市的风险。

| 别走偏了 |

波动性指数最大的问题就是它只能提供 30 天的恐惧或是贪婪趋势。

要想提高波动性分析的准确度，就要深入分析市场。一个重要信息就是看"偏度"，这能够决定股市是要上涨还是下跌。偏度是指看涨期权或看跌期权的潜在波动性，如果股指迅速上涨或下跌，其价值会增加。

请记住，看跌期权是当股票价格下跌时，期权价格上涨，而看涨期权正相反，它是当股票价格上涨时，期权价格上涨。

当有经验的投资者担心股市下跌的时候，他们通常会买入看跌期权，这样一旦标准普尔 500 指数下跌时，期权的价格就会上涨。为了省钱，成熟的投资者常去买那种预测股市下跌 10% 的看跌期权。因为下跌不是一天的事，他们常会购买 3 个月到期的看跌期权，这样他们能够获得最大的保护。了解了成熟投资者的这种怪癖，其他投资者就可以更好地监测市场的变化了。关键是比较看涨期权和看跌期权的潜在波动性。如果看跌期权的波动率是 37%，看涨期权的波动率是 20%，这就意味着期权市场已经为股市下跌做好了准备。这个结论很明显，因为波动率，即一只股票或是指数价格上涨或下降的相关标准，更倾向于看跌。

所有这些复杂的现象告诉我们：期权市场主要是受恐惧驱动的。而股市是被贪婪驱动的。这可能说得太过简单，但事实就是这样。看跌期权会对潜在波动性造成很大影响。为了保护利润，或是在股市下跌时赚钱，成熟的投资者买入防御性看跌期权。出售看跌期权的交易员通过提高看跌期权的波动性来吸引买家。交易员不知道谁在买或者因为什么原因买看跌期权，但这并不重要，他们只需要知道有人在买期权，而且这些人通常是懂得对冲股票风险的精明能干的投资者。他们很有可能比衍生品交易员拥有更多信息，他们根据股市的历史波动情况总结出一个复杂的数学模型，成败都取决于这些模型。

所有人都可以追踪偏度。巴伦公司发布了一张表格，具体写明了标准普尔500指数和纳斯达克100指数的偏度。芝加哥期权交易委员会也有一个偏度指数。你在大多数金融网站上输入"SKEW"4个英文字母时，都能够阅读到相关信息。偏度指数从100到更高。当偏度指数在100时，意味着股市大幅下跌的概率最小；当数值超过100时，下跌的概率上升。1991年3月21日，偏度指数达到101.09的超低点，这标志着1990年7月开始的经济衰退已经基本见底了。1998年10月俄罗斯债务危机期间，受美联储突然降低利率的影响，偏度指数达到创纪录的146.88点。偏度指数在2006年3月也很高，这时恰好是房地产泡沫破灭、股市经历自1929年以来最严重的大萧条的时候。

冷漠与恐惧是你的朋友

投资者经常使用偏度指数和波动性指数，这两个指数影响很大。2011年日本福岛核电厂发生事故后，投资者利用波动率的涨落来更好地避过股票市场涨跌所带来的不利影响。在核反应堆熔毁的前一周，芝加哥期权交易委员会的波动性指数已经在下跌，尽管股市仍在上涨，这是正常现象。波动性指数和股票价格本应该是朝着相反方向移动的，在反应堆熔毁前，波动性指数大概在 20 以下，然后达到 15 左右。很多投资者认为波动性太低了，而另外一些黑市里计算出的波动性指数甚至更低。在此期间，很多交易员和投资者都买入了看跌期权。随着波动性越来越低，他们持有的仓位也在不断地调整。这些投资者有效地制造了一次黑天鹅事件。因为股票价格大幅上升，极大地降低了标准普尔 500 指数看跌期权的价格。就在熔毁前，波动性指数还是在 15 左右。然后，海啸来了，波动性指数迅速翻番。买进看跌期权的投资者当然也从没想到地震将会引发海啸，会毁坏核反应堆，而后切断全球供应链，导致很多工厂暂时歇业，最终将可能破坏全球贸易，甚至影响苹果公司生产平板电脑的能力。那些投资者都认为，购买看跌期权是稳健的做法，特别是当波动性指数很低的时候，因为经验表明便宜的波动性最终可能会变得昂贵。所以当核事故发生的时候，尽管没人能够预测到这一点，其他投资者也恐慌了，并且卖出股票或者抓紧买入看跌期权，期望随着股价继续下跌，期权的价格能够上涨。聪明的投资者总是在低价买进看跌期权，然后等到出现黑天鹅事件的时候，高价卖出期权并收割巨额利润。

对于一些人而言，从悲剧中或是从别人的痛苦中收获利润是不道德的，但是华尔街只有两种情绪，而悲伤绝不是其中之一。优秀的投资者知道在他人感到恐惧时自己应该变得贪婪，反之亦然。日本核危机后的巨大利润就证明了这一点。当然，并不是所有人都有时间或是能力来持续追踪和分析波动性和股票，幸运的是，你可以请人帮你做。

不要害怕黑天鹅

自从2007年次贷危机以来,投资黑天鹅投资组合已经成了少数人的选择,华尔街的公司想方设法地与受惊吓的投资者再次建立联系。企业创立了黑天鹅基金,主要是买入防御性指数看跌期权,或是使用止损订单,从而保证投资者亏损额维持在5%~15%。太平洋投资管理公司是世界上最大的资金管理企业之一,走在黑天鹅投资组合的前沿。这家公司在2008年引入了全球多种资产共同基金,这是金融危机最严重的时刻。这个基金彰显了优秀投资者原则,即首先关注风险,其次才是回报。基金的运作方式非常具有创新性,也许有一天会改变所有人管理投资的方式。

太平洋投资管理公司摒弃了传统的依靠历史回报进行投资决策的做法,转而重构资产组合,根据风险程度确定股票、债券等产品。太平洋投资管理公司通过评估选出风险系数最低的产品进行投资。有的时候,基金可能会投资债券,而非股票、大宗商品或是衍生品。太平洋投资管理公司使用金融工具的标准是,当基金持有的股票和整个股市的股票价格下跌时,公司买入的股票价格反向上涨。这样做的目标是保护投资者,把潜在损失限制在本金的15%之内,同时又确保每年能提供8%~12%的长期回报。

从风险的角度来思考投资,而不是从收益的角度来思考,这是对传统投资方式的一次根本性改革。不再通过过去一段时间产品的涨跌来确定投资标的,太平洋投资管理公司的风险分析法能够有效管控波动性,从而保护投资者免受巨大的损失。

太平洋投资管理公司的投资原则看上去不无道理,但是这在华尔街是个革命性的方案，也因此备受争议。但太平洋投资管理公司绝不是唯一一家采用这种方法的公司，其他的几个企业，包括贝莱德公司和高盛集团，也建立了相似的多种资产配置基金。

现代投资组合理论是否依然有效？

对于投资这件操心费力的事而言，基本的管理股票组合的方式是非常严格的，而且变化很慢。华尔街经常提到的"现代投资组合理论"（MPT），始于20世纪50年代，当时的美国总统是艾森豪威尔，苹果公司总裁乔布斯还只是个蹒跚学步的小孩子，白人和黑人还在分区而住，人类还没有登上月球，衍生品交易还没诞生，纽约股票交易所还并不为人所知，因为纳斯达克股票市场直到1971年才创建起来。

现在决定市场走向的那些因素在20世纪50年代时还不存在，而哈里·马科维茨（Harry Markowitz）才刚刚开始工作。二战刚结束不久，美国成为世界上唯一的超级大国。互联网根本不存在，人们只会写信，不会发电子邮件。多数股票交易都是在纽约证券交易所的交易大厅里现场完成的，即使要进入一个区域性的交易所进行交易，也需要书面推荐信。在费城的股票交易所，成为会员需要有3人以上的担保，其中包括一名部级领导做担保人。电子股票交易根本不存在，没人能用数学公式在几微秒内完成股票、债券和大宗商品交易，很多人根本就没买过股票。在20世纪50年代，欧盟还没成立，让·莫内（Jean Monet）——欧盟的总设计师，还没开始为整合欧洲经济体而奠定基础，欧盟直到1993年11月才成立。

现代投资组合理论是由马科维茨提出的关于降低投资组合风险的

理论，分析十分严密，因而广受推崇。马科维茨在1990年获得了诺贝尔经济学奖，主要贡献是他提出了分散投资组合原则，即同时投资股票和债券，从而降低组合的整体风险。

现代投资组合理论是个明智的想法，通过严密的数学计算论证，使用者通过一个简单的以年龄为基础的公式来进行规划。用100减去你现在的年龄，得数代表你应该持有的股票的资产比重。举例来说，如果你现在40岁，那么投资组合中应该有40%的债券和60%的股票。如果你50岁了，那么投资组合中应该是股票债券各占一半。如果你只有20岁，那么你有大把的时间可以从股票市场的大起大落中恢复元气，所以你的投资组合中可以有20%的债券和80%的股票，当然，在这种情况下，你也可以选择持有100%的股票。

现代投资组合理论的逻辑一直占据着无可撼动的地位，直到2007年。那一年，美国次贷危机引发了长达两年的全球市场的崩溃，世界上一些顶尖的投资者开始指出，现代投资组合理论已经无效。危机爆发期间，恰逢纳西姆·塔勒布的新书《黑天鹅》刚刚出版，立即被翻译成30种语言。现今的金融市场，从美国到亚洲、欧洲，每天随着太阳走，从不休市，因而现代投资组合理论已经不足以应付了。

相关度，是指尽管股票之间存在差异，但会随着彼此的升降而移动。现在，相关度已经大大增强了。世界上所有的股票和债券经常是同时交易，就好像美国的股票和欧洲的股票没有什么差异，或是亚洲的债券和美国的债券也没有什么差异一样。事实上，摩根大通集团的研究表明，在过去的10年间，交叉资产的相关度已经比2001年翻了一番。这也导致了股票市场周期性的交易模式风险——常常会因为美元或是其他货币的升值贬值、大宗商品或债券市场价格的涨落而触发交易风险。有投资者认为，高度交叉的资产相关度可能增加系统性风险。如果所有产品之间都相互关联，那么即使投资者分别投资债券和股票，也难以有效地分散风险。

但是，现代投资理论的核心观点是，投资者现在仍然能够通过丰富投资组合，通过同时投资股票和债券来使收益最大化、风险最小化。这个理论非常依赖历史波动率和测量资产移动方向的相关度模型。有些时候，某些资产，例如股票和债券可能会表现较好，而现代投资理论认为，这种情况不会持久，因为股票和债券最终是会回到中线位置的。中线回归原则是说，如果股票的历史回报从某个时间点以来，比如说1929年，一直是9%左右，然后某一年突然上涨了40%，那这些股票的回报最终还是会回归到正常的态势。中线回归是市场上一个非常重要的概念。一个简单的思考方式就是想象一根橡皮筋，你把它拉开，最后它总是会弹回来，这就是中线回归。

很多战略家和学术专家都说，分散投资作为现代投资组合理论的关键要素，已经是当今市场上唯一免费的午餐了。当然，分散投资在2007—2009年的次贷危机中发挥不了什么作用，这也从侧面证实了在提出现代投资组合理论的时候，现有的各种金融产品还没有产生，而这个理论已经与现在的实际情况发生了冲突。次贷危机再一次证明了经济学家弥尔顿·弗里德曼（Milton Friedman）提出的著名论断：市场上没有免费的午餐。

在金融危机期间，所谓的通过分散投资得到免费午餐的说法被证明是无效的。世界上所有的股票和指数交易的情况都差不多，金融产品间的关联度相当高。波动率已经达到灾难性水平。短短17个月中，道琼斯工业平均指数已经从2007年10月的14 164点的高位下降了

50%的价值，股市大盘崩了。

为了避免灾难重演，太平洋投资管理公司创立了全球多种资产基金，其最高损失设定为基金规模的15%，每年力争取得8%~10%的投资回报。这个基金总是使用一篮子防御性的标准普尔500指数或其他指数产品、资产产品的看跌期权来进行风险对冲。如果指数下跌，看跌期权的价值就会上升。基金经理穆罕默德·埃尔·埃里安提出了时下非常时髦的"新常态"的说法，这种说法看起来越来越符合当今这种怪异的但是非常有限的经济增长和金融收益。

太平洋投资管理公司创立的这个基金实际上是现代投资组合理论的一次升级。现代投资组合理论是一个好办法，前提是金融市场要符合历史表现和波动率模式，如果发生了一些过去未能预料的事情，这个理论就崩溃了。

太平洋投资管理公司前首席战略师马克·泰博斯基认为："这是个非常优雅的理论，但实际上并不十分奏效。"他曾经负责管理哈佛大学和斯坦福大学的基金。

你把钱交给中间人管理之后，他们如果选择用传统的模型来设计投资组合，那在选择资产配置模型前会看看历史上资产组合的绩效模式。你可能会从中间商的建议书里看到这样的模型：一般就是一页纸，上面有网格，用不同颜色的方块标示出来；某一年，那个最上面的方块可能是小市值股票，而在另一年，上面的方块可能是大市值股票。还有些时候，可能会是债券或者资产。中间商使用这些图表来向你证明，你为什么需要拥有这么多不同种类的共同基金。中间商告诉你，你永远不可能打败市场，所以你必须分散投资。这对中间商有利，他们通过售卖多种共同基金赚钱，也通过帮助你管理投资而赚钱。但是，没有任何证据能够证明这种投资方式还像过去那么有效。

泰博斯基说：

> 传统的资产配置方式依赖于回顾历史上各种资产的收益情况，非常依赖于中线回归、历史波动率和关联性。我们认为大家可以从观察世界的角度来思考这个问题。大家是否担心通胀？通胀是一个风险因素。大家是否认为利率会继续上浮？这也是一个风险点。大家是否担心美元？这又是一个风险因素。如果大家能够更精准地思考这些事情，然后再去考虑9千米之外的资产组合问题，我们认为大家会取得更好的投资业绩。[1]

太平洋资产管理公司没有把金融市场按照股票、债券、房地产等资产类别来细分，而是从整体上来考虑这些资产。想象现在有一盒乐高积木，每一块积木都有一个不同的颜色，每种颜色代表一种因素，例如风险、波动率、关联度、利率和时间。

泰博斯基说："当我们投资的时候，我们要研究清楚，在这一个建筑区域，要放几块黄色积木、几块蓝色积木和几块红色积木。每种颜色代表一个因素。有时候，我们投资的时候，波动率是我们主要考虑的因素，有些时候久期是重要的因素，还有些时候资产或货币可能是需要考虑的因素。"[2] 总而言之，太平洋投资管理公司使用各种风

---

[1] 资料来源：Steven M. Sears, "Seeking Safe Returns in a Perilous World," *Barron's*, October 5, 2009.
[2] 同上。

险要素来确定投资路线,从而在降低风险的同时取得持续的收益。

泰博斯基还说:

> 我们很清楚当系统性震荡到来时会发生些什么。我们知道一些高风险资产,例如权益类资产,届时会表现得非常糟糕。我们还知道信贷利差会扩大,收益率曲线会变得陡峭,因为货币当局在供给端降低了利率。我们知道久期长风险低的资产会表现得比较好。我们的观点是,我们知道将要发生些什么,只是不知道具体的发生时间。所以,我们就组合那些在其他资产表现糟糕时自身表现更好的资产,这样我们可以像做互换业务一样持有这些资产,保护我们不会遭受过大的损失。我们就用这种思路来整合资产,因为当波动率升高时,高风险资产表现差,而这一篮子资产会表现很好,会非常值钱。所以我们使用这种资产配置方式,通过建立尾部风险组合来管控风险。[1]

正如现在大家都说"新常态"一样,"尾部风险"也是华尔街上的时髦词。尾部风险是金融界用来形容黑天鹅的术语。当投资者计算某项投资回报时,例如股票的投资回报,他们经常使用价值风险模型来展示回报和波动率。尾部风险是什么样的呢?想象一下英文字母U,你把它倒过来,然后从两端拉长,最边上的两条细细的线像两条尾巴一样,这就是尾部风险。中间的那部分钟形曲线代表着正常投资

---

[1] 资料来源:Steven M. Sears, "Seeking Safe Returns in a Perilous World," *Barron's*, October 5, 2009.

回报。华尔街真正的实战者都会注意到未来充满了尾部风险。

800年的危机

黑天鹅投资组合还只是个新生事物，仍等待着主流投资者的接纳，但是这个原则已经被金融市场的上层投资者所采用。

次贷危机，这是21世纪的第一个黑天鹅事件，表明过去那种管钱和限制风险的老办法需要改进了，因为未来很可能会出现更多的金融危机。

2010年1月，摩根大通集团主席和首席执行官杰米·戴蒙（Jamie Dimon）在议会听证会上说："我们知道危机每隔5到10年就会发生一次。"① 这种模式已经存在了800年了。从1980年起，金融市场就不断地被金融危机扫荡，每一轮金融危机似乎都比上一轮来得更为猛烈。在1982年，墨西哥债券违约，引发国际债务危机。1987年，道琼斯工业平均指数一天内下降了22.6%。1989年，市场出现了美国储蓄和债务危机以及拉美债务危机。这导致1992—1993年的欧洲货币系统危机、墨西哥比索危机，最后在1994—1995年用了500亿美元来担保解决。在1997—1998年，亚洲出现金融危机，而后国际货币基金组织筹集了400亿美元进行救助。1998年，俄罗斯债务违约，美国对冲基金长期资本管理公司破产，差点拖垮了全球市场。2001—2002年，阿根廷债务违约，互联网泡沫破灭，恐怖分子撞毁

---

① 资料来源：Dealbook, "Bankers Face Tough Questions at Crisis Hearings," *New York Times*, comment posted January 13, 2010, 1: 10 p.m.

了美国的世贸大楼。2007年，在美国多年低利率的影响下，世界被卷入全球金融危机，导火索就是美国的房地产市场。

2000年8月，长期资本管理公司的对冲基金经理约翰·梅里维德（John Meriwether）说："随着全球化的兴起，人们将看到更多的危机。"① 7年后，全世界看到他预言成真，次贷危机发端于美国，然后迅速席卷全球。泰普利顿资产管理公司（Templeton Asset Management）新兴市场部的主任马克·默比乌斯（Mark Mobius）也认为金融危机在所难免。他说："很快还会再发生金融危机，因为我们没有解决导致上一轮危机的各种问题。"默比乌斯管理着超过500亿美元的投资组合。他说："衍生品交易得到有效监管了吗？没有！你从衍生品交易中赚到钱了吗？是的！"②

在他看来，全球衍生品交易的总值已经达到了所有国家国内生产总值的10倍之多。当这样一大笔资金在不同的方向对赌，将不可避免地引发下一轮波动性和权益市场危机。

| 恐怖的灰天鹅 |

市场不仅仅限于某一点，它可以折射整个世界。

人口结构变动可能也推高了股票市场的波动率。到2050年，全世界人口将再增加20亿，总人口将超过90亿。根据联合国统计，届

---

① 资料来源："Long–Term Capital Chief Acknowledges Flawed Tactics," *Wall Street Journal*, August 21, 2000, C1.
② 资料来源：Kana Nishizawa, "Mobius Says Fresh Financial Crisis Around Corner Amid Volatile Derivatives," *Bloomberg*, May 30, 2011.

时约有 10 亿劳动年龄人口，60 岁以上人口将再增加 12.5 亿，25 岁以下的年轻人将保持在现在 30 亿的水平。有人担心，这将会导致很多国家出现债务违约，因为老年投票人将会投票要求政府保护那些福利政策，包括医疗和退休金基金。欧洲国家的社会保障做得很慷慨，等到危机发生了，他们想采取紧缩政策省钱时就会引发民众骚乱。2010—2011 年，法国发生了暴乱，原因是议会准备将退休年龄从 60 岁提高到 62 岁。美国也面临同样的问题，根据各方面统计，社会保障基金是退休金的主要来源，可能就快没钱了，这会给美国政府带来巨大的政治压力。

欧洲在平衡 2011—2012 年的政府预算上遇到了很大的困难，这些消息也导致了股票市场下跌，波动性上升。在几个月里，欧洲金融问题也扰动着美国市场。很多天里，葡萄牙、意大利、希腊和西班牙等国的债务评级问题导致美国股价不断下挫。这些问题不仅仅是出现在联邦层面，在很多州，包括加利福尼亚、伊利诺伊和纽约州，都面临着巨大的经济困难。这也会伤害州政府预算，最终会影响州政府债券的收益，而很多美国老年人都持有这些债券。

国际货币基金组织的经济学家阿里·阿利希（Ali Alichi）曾说：

> 老年投票人的数量不断上升，一旦老年投票人的数量超过了年轻投票人的数量，各国的借贷信用程度将逐渐下降，导致国家越来越不愿意借款出去，更多的主权国家会债务违约。因为借出方在欠债国出现违约时不能够很容易地没收其政府资产，他们必须完全凭借一个国家的信用程度来决定是否贷款给这个国家。很多因素会影响一国的信贷能力，例如宏观经济实力、历史上的债

务偿付记录以及年龄因素。研究表明,一个国家是否有意愿偿付债务与这个国家是否有资源偿付债务是同等重要的。随着投票人年龄的增加,他们对于国家能否从国际资本市场上融资就不那么关心了,因此他们更愿意对现有债务违约,还债的意愿不断下降。此外,年龄大的投票人往往能够从公共资源中获益更多,比如退休金和医疗保障等,一旦国家还债,这些公共保障水平就都得缩水。如果老年人占了绝大多数,那么他们就可能会迫使政府违约,即使这样做对整个国家而言不是最好的选择。借款方会将这个因素考虑在内,从而减少对老龄化国家的借贷。[1]

阿利希描绘的前景十分黯淡,也许是真的,也许不是。战争可以减少人口,饥荒和疾病也能减少人口,但是,世界范围内的老龄化问题越来越严重,可能会引发新一轮的波动性,并成为影响主权债务的另一个因素。

当然,金融顾问和投资经理才不会讨论这样的观点。只有当受到议会质询时,摩根大通集团的戴蒙先生才会承认股票市场周期性的频繁经历危机,而华尔街上所有的人几乎都知道这个常识,但偏偏不告诉你。华尔街希望你只关注能从市场上赚多少钱,因为这样华尔街才能把债券、股票和其他金融产品卖给你。华尔街帮助你做出决策,保护自己免遭诉讼,他们准备好了厚厚的文件,但几乎没有人会去读这

---

[1] 资料来源:Ali Alichi, *Finance and Development*, June 2011, 11; see also Ronald Lee and Andrew Mason, "The Price of Maturity: Aging populations mean countries have to find new ways to support the elderly," *Finance and Development*, June 2011, 7 – 11.

些文件,即使读了也看不明白。文件中唯一一个能看懂的信息就是你如果听从他们的建议,能从市场上赚多少钱。

这些文件里常常会包括很多篇文章、图表、要点以及大量的印刷品,所有的文件都告诉你过去不是未来。但是,毫不讽刺地说,在不知不觉中,你的金钱已经被投资了,而过去就是未来,即使你的文件包和你的经纪人否认这一点。你将永远不可能在这一厚摞文件中看到,如果波动性上升、关联度增加或者出乎意料的事情发生时,你的资金会出现什么问题,例如欧洲国家在危机期间决定免除部分欠债国的还款责任。但是,到了2012年,你发现你就在那里,带着你所有的钱以及所有的希望和压力,被绑到了那个旧有的观念里,而这个观念已经存在60年了。

泰博斯基说:

> 任何采用现代投资组合理论一年以上的人都会认识到,通过资产分类获得预期回报的预测是多么遥远,关联度和波动性是多么超乎想象。另一个问题是,每个采用这种理论的投资者拥有的信息都是一样的,每个人都看到了同样的波动性和关联度,每个人都在将这些因素和预期收入对表,所以最后会发现很多人的投资组合配置都极其相似,在退休金和基金领域更是如此。这就告诉你,采用一种方式可能是很危险的,因为人们会不断地同时买入或卖出一种资产来进行投资。[①]

[①] 资料来源:Steven M. Sears, "Seeking Safe Returns in a Perilous World," *Barron's*, October 5, 2009.

太平洋投资管理公司试图通过一种简单易懂的方法来避免出现盲从投资，但是很难实施。基金经理会根据一些决定金融市场的重要因素来制定投资方案，这些因素包括通胀、经济增长、信贷利差、利率，通过这些因素来预估投资回报。基金经理会从影响回报的因素来思考，而不是去预测每一个资产类别的表现如何。总之，太平洋投资管理公司总是在不断确定其承担的风险与回报是否匹配。很多投资者在承担风险时并不了解他们的处境。泰博斯基说："如果你要给我25%的回报率，那我现在承担的风险是不是太大了？会不会到了3年后我的投资归零，我承受不了呢？人们在很长时间以来一直在讨论风险调节后的回报，但是我不认为他们真的关注了这个问题，因为他们不愿接收低风险投资组合，而只肯享受高回报。"[1]

事实上，每个投资者应该关注的是资本的自然回报率，而非资本可能带来的高回报情况。很多时候，投资者追求回报，不考虑风险，最后只能是遭受更严重的损失。

---

[1] 资料来源：Steven M. Sears, "Seeking Safe Returns in a Perilous World," *Barron's*, October 5, 2009.

第六章
第欧根尼的灯笼

这是一个真实的故事。2007 年,一对夫妇卖掉了纽约布鲁克林区公园山坡上的一栋房子,当时,房价在 5 年内已经翻了一番。那个房子很不错,风景也好,小区和邻居也都很好。但是,5 年内翻一番的价格也实在是好得不真实了。另外,孩子们都长大了,他们需要一块更绿、更安全的草地来玩耍,所以这对夫妇卖掉了房子。他们和两个孩子,以及一只小狗,从城市里搬出来了,在郊区里买了一个有点凌乱的大房子,紧挨着一条小河。他们虽然想念城市,但是更喜欢现在更大的空间、清洁的空气和大把的现金,这要感谢房地产销售和偶然发生的几次商业交易。他们太幸运了,卖掉房子的时机恰好是房地产市场到顶的时候。这么多钱他们自己处理不了,很快,股票经纪人打来了一通电话,提出要帮助他们管钱。这个股票经纪人把自己称为"理财顾问",是这对夫妻认识的一个私人银行业务员介绍过来的。私人银行业务员在过去的很多年为丈夫的父母服务,是值得信任的。股票经纪人也很亲切,几通电话后,他很快给夫妻俩提出了一份投资计划建议。

这些钱绝大部分要投资在6~7个共同基金中，另外十几万美元要投资到"债券阶梯"中。投资理念就是：股票型共同基金会随着股票市场的好转而提升价值，而债券是根据到期时间阶梯状排列的，可以提供偿还贷款的稳定的现金流。做抵押贷款的银行刚好和债券发行银行是同一家有名气的银行。

这个投资计划看起来天衣无缝，至少头几个月是这样。那时还是2007年年初，道琼斯工业平均指数正在逐渐升高到14 000点，股票价格好像永远不会下跌，银行愿意给任何人提供贷款。到了春天，股票市场开始震荡了。市场虽没有沉底，但是确实非常波动。股票价格忽高忽低，速度之快使人心惊胆寒，不过一般到一天收市的时候价格都会涨上来一点。丈夫比较有市场经验，他知道极度的市场波动标志着市场不健康。他给经纪人打了电话，安排了一次会议来讨论市场波动性。经纪人也想见个面，具体细化全面的投资方案。但这次会面非常令人失望，经纪人说电脑出了问题，他没有准备任何文稿。丈夫提出了组合波动性过高的问题，经纪人却简单地说，股票会有浮动，没有必要感到担心。丈夫让经纪人准备了一份报告，说明为什么他们分散投资降低风险后，他的资金账户表现得还是这么古怪——有的时候，一天内的涨跌幅度可以达到5%。他要求经纪人制订一份计划来降低投资组合的波动性。一周过去了，他没有收到任何波动性报告，又过了一周，还是没有任何报告。丈夫给经纪人打了电话，要求他卖掉所有的共同基金和债券。经纪人可不愿这么做，他不再那么和蔼可亲了，他严肃地说从来没人告诉他卖掉所有的投资产品。他非常生气，批评丈夫过于情绪化了。他说，股市在今年年末一定会高涨，到时候丈夫就是唯一一个认为股市会下跌的傻瓜。但丈夫不为所动，于是经纪人按要求在当天交易结束前卖掉了所有投资产品,并打电话确认一切都卖光了。

四周后,经纪人给丈夫的办公室打电话,告诉丈夫说如果他还在股票市场里投资的话可能会赚多少钱。又过了几周,股票市场崩盘了。丈夫和妻子的钱非常安全地留在了货币市场基金中。丈夫很想给经纪人打电话,想问问现在那些投资账户的表现怎么样,妻子拦住了他。他们利用其他投资者恐惧抛售的时机开始买入。

当企业债券价格达到低点的时候,他们买了企业债券。等到价格涨上去了,他们就把债券卖了。然后又低价买入了城市债券,最后高价卖出。到了 2009 年二三月间,他们开始买股票了,当时股票市场正在从 1929 年以来的大萧条中逐渐走出来。夫妻俩在这一轮次贷危机中没有损失任何钱,而且还大赚了一笔。但是他们的很多朋友,还有朋友的父母,以及很多依赖股票经纪人和共同基金公司来投资的人的境遇可不是这样。不过,从好的方面来看,本轮金融危机彻底剥掉了华尔街华丽的外衣,人们终于能够近距离看清各种营销做法的丑恶嘴脸。这次经历也证明了那些股票经纪人和高薪聘请的基金经理对市场也没有什么神奇的理解力。市场崩溃后,很多人意识到他们对投资和华尔街都知之甚少,如果他们过去还认为他们能够从专家那里获得一些金融建议和独到见解的话,他们现在也认识到自己实际上更多的是在单兵作战,他们吓怕了。但是,也有一些经纪人很好地照顾到了他们的客户。一些好的经纪人和好的基金经理愿意为客户着想,但是要找到这样的好人太难了。就像古希腊哲学家第欧根尼在白天举着灯笼寻找诚实的人一样,很多投资者也是在华尔街上苦苦寻找,但是很难找到。第欧根尼住在雅典的大街上，他有个简单的家——木桶。认识第欧根尼是件好事，但是我希望人们不要过得像他一样。

业绩都是相对的

有些事你需要了解，而且要采取行动：大多数共同基金没能达到它们的绩效标准。基金也许可以跟踪标准普尔500指数，或者其他的标准，但是它们很少会获得比基准指数更高的回报。而共同基金要收取各种费用，投资者必须支付，即使最后基金的业绩没有打败基准指数，这些费用也得支付给基金公司。要想跟踪这些共同基金的绩效，工作量非常繁重，有必要请个律师。晨星公司（Morningstar）是一家共同基金分析公司，它的分析表明，共同基金在创立后的10年间，超过50%的基金会与其他基金合并，或者最后关掉。人们很少讨论这些情况，也不太讨论共同基金公司通过卖基金赚了多大一笔钱。共同基金的最大受益者就是基金公司。经过一段时间，共同基金的费用就会损害投资回报，但是它们会对公司的股价产生奇迹般的影响。比如高端共同基金公司普信集团（T. Rowe Price Group），从1990年到2011年10月，普信集团的股票大大地超过了标准普尔500指数和道琼斯工业平均指数，上涨了大约4 000点，比标准普尔500指数和道琼斯指数高出约400%。富兰克林资源公司（Franklin Resources）也是一家著名的共同基金公司，其股票业绩也是超过了标准普尔500指数和道琼斯指数。是什么支撑了它们强大的金融实力？是投资者支付的管理费。

管理费收入对于金融企业非常重要。管理费收入相对稳定。很多不可控的力量，比如经纪周期等，都会影响投资银行的收入，其交易所获收益波动很大，有的时候还会出现严重损失。而管理费收入的升降完全取决于基金公司管理的资金规模，因此非常可靠，而且不像华尔街的其他资金那样是暂时的收益。对于股票经纪人而言也是如此，所以很多大银行积极在次贷危机期间招募股票经纪人。甚至很多银行支付上百万美元的津贴，从其他公司挖经纪人，希望这些人能把他们的老客户带到新的银行。由此可见，管理费收入非常重要！

| 1 000 笔管理费用之死 |

找到一个好的股票经纪人，或是一家可信赖的共同基金公司，需要一定的运气和相当大的努力。但是投资过程中有一点很容易控制，而且能够迅速增加投资回报，那就是管理费！

管理费可以很好地区分舒服的退休和不舒服的退休。现在的问题很严峻，就是美国过去十几年都处于低回报的环境，现在美国和全世界仍在金融危机中挣扎，一些预言家认为未来十几年还是会如此。如果一个股票组合价格上涨了5%，投资者拿出1%来支付管理费，实际上就相当于拿出了20%的投资回报。大概没人从这个角度想过这件事吧，但他们真该仔细想想。

想要金融产品不交管理费和交易费可能不太现实。银行和交易所组织、销售共同基金，以及运营股票经纪公司都需要用钱。股票经纪人付出了时间，也应该得到薪酬。但是费用要合理适度，不合理的费用可能会影响股票经纪人为客户做出的决定。

如果你是一位独立投资者，自己做投资决策、自己研究，那网上的折扣经纪公司收取的费用很低。先锋领航集团的低成本指数基金和交易型基金都值得关注。但是很多人不可避免，或是被游说去找经纪人来帮助自己交易，特别是那些在美林银行、富国银行、瑞银集团等大型银行集团的经纪人。

一家经纪公司的主席说，投资者必须搞清楚他们的经纪人是从左到右工作，还是从右到左工作。这个有点戏谑的表达方式反映了经纪人和客户的关系。一个从左到右工作的股票经纪人首先考虑的是他能从客户身上赚多少钱，管理费决定了他要卖哪些产品给客户。

一个从右到左工作的股票经纪人关心的是能否帮助客户做出正确的投资决策。搬弄是非的经纪人更关心自己，而非客户，总是建议客户投资那些管理费高的共同基金，或者是那些回扣高的产品。高额股票佣金也是一个信号，特别是如果股票经纪人经常推荐买入和卖出股票时。频繁交易可能是因为你的经纪人想要利用你的账户赚取销售佣金，这可是红色预警。如果你的股票经纪人通过你的账户赚的钱比你通过投资赚的钱还要多，那一定是哪个环节出现了问题。

多数人的金融生命都卡在共同基金的糟糕表现和股票经纪人的过高承诺之间。很多人都是通过买共同基金进入金融市场，等熟悉了共同基金后，他们逐渐攀登上风险的阶梯，开始买股票甚至是期权。当他们攒够钱了，会经常去找股票经纪人。聘请股票经纪人对很多人来说是非常重要的渠道，当你有钱的时候，你就请一个经纪人。如果你足够幸运的话，能够找到一个诚实的好经纪人，他能像对待自己的钱一样珍惜客户的钱。

经纪公司的主席知道这一点。他一方面要管理公司，另一方面还要做经纪人。他认为他能够通过管理客户的账户来赚更多的钱，因为投资者都想跟诚实的经纪人合作，也就是那些能够从右到左工作的人。但他也承认，很多经纪人认为自己的利益高于客户的利益。

股票经纪人为银行赚取费用，也为自己赚钱，主要看他们的"书"有多厚。"书"在华尔街的词语环境下表示股票经纪人管理的资产规模（AUM）。股票经纪人管理的钱越多，赚的钱就越多。多数投资者支付股票经纪公司1%的年度管理费，股票经纪人会与其雇主分享这1%的费用。尽管1%听起来不大，但是这代表了每笔1亿美元的管理资产将要支付100万美元。很难说清股票经纪人平均赚多少钱，但是一个经纪人如果有着体面规模的管理资产，那么每年可以赚30万~40万美元。最好的股票经纪人赚的钱更多，而他们也确实值那个价钱。

如果你能接触到顶级的股票经纪人、顶级的银行，你可以看到世界最好的一面。如果你的账户不大，就只有几万美元，那很少会有股票经纪人愿意搭理你，因为他们靠你赚不了大钱。一些行业人士认为，中等的账户规模大约是8.8万美元，这个规模的账户也许值得每年见面一个小时讨论一下。

"书"是经纪人的资产，"书"也将被不断买卖。有时是被其他经纪人买卖，有时是被其他经纪公司买卖。每7年，一些股票经纪人就会跳槽，因为他们能够卖掉"书"然后大赚一笔。

如果股票经纪人为一个新公司带来一本书，然后又干了7年，通常他会得到一份3倍工资的奖金。如果股票经纪人年收入45万美元，佣金或管理费收入每年100万美元，那股票经纪人在跳槽到一个新公司时会一次性拿到300万美元。这是个相当大的数字，特别是当遇到孩子要上大学、要结婚，或是你要退休时，这笔钱就变得非常重要了。

第六章　第欧根尼的灯笼　／　143

管理费并不永远是有助于投资者的金融健康的。经过一段时间后，共同基金管理费就会吞没投资者的回报。

先锋领航共同基金公司认为，降低成本对于长期投资的成功而言至关重要。这可能有点不符合常识，因为很多人认为高价格就意味着高品质，但这个逻辑在金融行业不一定一直正确。有时候，高费用仅仅是因为他们能收到这个费用，也可能是因为支付费用的人不了解他们在干什么。戴维·斯文森（David F. Swensen）是耶鲁退休基金的总经理，他经常严厉批判共同基金行业。他认为，个人投资者应该购买指数基金，以避免参与那些收取高额费用的基金。他说："不要去追求所谓的打败市场的战略，别轻信承诺，个人投资者应该认清市场现实，购买那些非营利的投资机构管理的遵循市场运动轨迹的投资组合。"[1] 他认为共同基金行业是在掠夺投资者，美国政府应该出手干预这个行业。

先锋领航共同基金公司符合斯文森的要求，其指出在决定投资回报时要看五个方面：分红、利息收入、运营成本、交易成本和税收。[2] 在这五个方面中，运营成本是一个可以预测的数字，因为这些成本就是付给基金经理和行政管理人员记账和写报告的成本。

先锋领航共同基金公司引用了金融研究公司2002年2月做的一项研究，表明支出费用比率是预测未来业绩的最好标准。支出费用比

---

[1] 资料来源：David F. Swensen, *Unconventional Success: A Fundamental Approach to Personal Investment* (New York: Free Press, 2005), Preface.
[2] 资料来源：Vanguard's Investment Philosophy, We Believe #5: Minimizing cost is vital for long-term investment success, https://global.vanguard.com/international/web/pdfs/webelieve5_042006.pdf.

率比过去经常使用的投资业绩和晨星公司的评级都要有效。先锋领航共同基金公司专门运营低成本的共同基金，它在自己的网站上挂了一个在线工具，能够计算投资者因为共同基金管理费而损失了多少钱。在这里，如果在共同基金投资 25 万美元，平均管理成本约为 0.21%，每年递增 8%，这将为投资者省去一大笔钱，因为其他共同基金的管理费是 1.15%。选用管理费较低的基金，投资者将在 20 年里节省19.2675 万美元。

这个差异如果放在 30 年的时间跨度来看就会更大。

把 20 万美元的投资分别放在两个相似的共同基金中，年利润都是 8%，但是两家基金的支出费用不同，可以证实最后投资者获得的利润将有很大不同。一个投资者投资于 A 基金，收取管理费是 0.2%，另一个投资者投资于 B 基金，管理费是 1.19%，投资 A 基金的投资者将多赚 24.2079 万美元。[①] 更令投资者伤心的是，多数共同基金不能完成预期的业绩要求。贝莱德公司拥有丹·赖斯这样的金牌投资者，能够长期打败市场，但是其他大多数人是达不到这一水平的。这也就是说，投资者经常是花了大价钱雇了一家表现平平的公司，这就麻烦了。共同基金公司常常推销他们的热门基金，很多投资者也会追逐那些热门产品。讽刺的是，多数情况下，今年的热门基金会成为明年的垃圾产品，因为这些基金一下子吸引了很多钱，而基金经理很难继续按照过去的方式来进行投资了，当然不排除有些经理运气很好，能够继续得到较高的投资回报，但是大多数共同基金公司以

---

① 资料来源：Vanguard, The Truth About Costs, https://personal.vanguard.com/us/insights/investingtruths/investing-truth-about-cost.

及大多数投资者，都只关注一年内的市场回报率，不重视低成本和长期投资结果。

2010年8月，晨星公司的研究证实了先锋领航共同基金公司的意见：支出费用比率对于选择基金非常重要。拉塞尔·金内尔（Russel Kinnel）是这项研究的分析师，他发现费用是预测绩效的最有效的指数。当选择基金时，他建议选择最便宜的基金，或者是选择两只最便宜的基金，各投资50%的资金。

金内尔发现："在测试中，任何一个时间段和数据点，低成本基金总是能打败高成本基金。支出费用率是绩效最强有力的预测标准。在所有资产类别的所有时间段内，最便宜的50%的基金总是能比最贵的50%的基金得到更高的回报。"[1]

比如，从2005年以来投资于5年期国内权益产品的最便宜的50%的基金的年化回报是3.35%，而最贵的50%的投资产品的回报只有2.02%。在其他领域投资差距依然存在，包括市政债券和含税债券基金等产品。

投资者购买股票时，分红一直都是股票收益的一个重要组成部门，却常常被忽视。购买基金产品也是如此，管理费是导致投资者不能完全得到共同基金的收益的一个重要原因，如果比照标准普尔500指数的收益标准，投资者有时甚至会损失掉所有收益。

我们可以做个试验。把你的共同基金的绩效和相似的交易型开放

---

[1] 资料来源：Russel Kinnel, Morningstar Advisor, How Expense Ratios and Star Ratings Predict Success, August 10, 2010. http：//advisor.morningstar.com/articles/printfriendly.asp?s=&docId=20016&print=yes.

式指数基金（ETF）进行比较，ETF 与共同基金类似，但是它们是在股票交易所交割的，其费用通常比共同基金低很多。交易型基金不一定总是比共同基金表现好。如果一个人每个月做一小笔投资的话，那么最好投资共同基金。但是如果某人有一大笔现金，想要投资某一个领域或是更广阔的股票市场，那么应该考虑投资于 ETF 或者是低成本指数基金。如果你的共同基金经理不能一直打败基金指数，或者相似的 ETF，就没道理投资共同基金了。为什么要花优等的价格买次等的业绩呢？

股票经纪人的薪水

华尔街上的人都知道投资者账户管理费的破坏性作用，但是从没人深入地讨论这个问题。尽管像晨星一类的公司偶尔会发几篇文章，痛斥管理费是如何侵蚀了投资回报，这篇报道也还是需要同新闻媒体的各种报道相互竞争。在正常情况下，一篇关于管理费的研究终将被埋没在报纸的某个角落，或者是湮没在网上的各种金融新闻中。股票经纪人了解费用的方方面面，那是他们收入的主要来源。费用支撑着股票经纪人的生活方式，是股票经纪行业和华尔街的触角和包装。

一位前对冲基金销售员有与股票经纪人打交道的丰富经验，他说：股票经纪人问的关于产品的第一个问题就是："这个产品付多少薪水？"

掌握股票经纪人的全部薪资比学会梵文还要难，薪酬信息差异很大。纽约曼哈顿的顶级股票经纪人说他的一个网点的经理，也就是一个在股票经纪公司处理行政后勤事务的股票经纪人，感到他的薪酬计划非常难以理解。股票经纪人的薪水主要是基于管理的资金规模,加上一些零售佣金和不同产品的各种回扣率。有些股票经纪人是每个月付一次工资,有些是每个季度付一次工资。尽管回扣的标准比例有所差别,但所有人赚钱的方式基本一致。

现在越来越多的投资者被纳入包管账户,他们支付一定的年费,一般是投资组合总价值的1%~2%。这个包管账户有时可以讨价还价,有时不可以。总的包管费在股票经纪人和经纪公司之间进行不同分成。

就其费率而言,1%~2%的管理费看起来似乎合理。如果股票市场一直在上涨,管理费看起来无足轻重。但是,如果把管理费割裂开来看就错了,必须把它放在某种环境下来讨论。卡尔·罗萨克(Karl Rozak)是曼哈顿区奥本海默公司(Oppenheimer & Company)的一名股票经纪人,他提出了一种叫作"3%指导原则"的观点。

如果从一个客户的投资账户中取回3%或者更少的比例作为管理费,账户的价值应该继续增加。如果取回5%以上,那么将会开启一个进程,最终耗尽整个账户的资金。根据罗萨克的原则,1%~2%的管理费无伤大雅。罗萨克是个比较少见的股票经纪人,第欧根尼当年要是遇到他,就不用再去寻找真正的人了。

把管理费看成是你的资本成本的一个重要部分。专业的投资者总是要监测他们的资本成本,因为成本越少,留下的钱就会越多。经验丰富的投资者总是希望能够使收益最大化,用尽一切力量将减少收益的因素最小化。经过一段时间,在你退休后没有能力工作、最需要钱的时候,投资管理费可能会决定你是拥有一个舒适的退休生活还是一场金融危机。

包管费在传统上会覆盖所有的交易。可以把包管费想成是一次全部费用包干的旅行，基本上所有的费用都已经付过了。包管账户现在正逐渐取代交易关系，成为股票经纪人的主要收入来源。这种变化反映在随着网络的兴起，股票经纪公司开始采取打折经营，让投资者以较低的费率来交易股票，比如一笔打折后的交易费仅为 6.95 美元，而提供全部服务的股票经纪公司可能要收取几百美元。这种变化还反映了自 1975 年 5 月 1 日起实施的要求股票经纪公司降低佣金费用的政策。华尔街把这次改革称为"五月节"，改革取消了固定交易佣金，在佣金领域引入了竞争。股票经纪公司都会收取较高的交易费用。尽管有些经纪人仍然靠交易费维持生计，但是包管账户已经成为主要的收入来源。在包管账户或是单独管理的账户里，股票经纪人创造一个共同基金组合，投资者购买这些共同基金，希望通过组合的方式降低股票市场的风险，使回报最大化。一定比例的资金会投资于各种不同规模的高价值的股票，还有一些投资在满足相似标准的成长型股票上。高价值的股票一般会分红，而成长型股票的价值一般会上涨，从而带来回报。苹果公司的股票就属于成长型股票。公共事业的股票，例如南方公司的股票，就属于高价值股票。通过拥有小、中、高资本的股票，把它们统一放在一个共同基金的篮子里，再加上债券型共同基金和国际共同基金，根据投资学理论，投资者可以降低风险，获得最大化收益。有些投资者组合的规模超过 50 万美元，他们使用独立账户资产管理策略。独立账户资产管理与共同基金有些相似，但是二者也有所差异。钱交给共同基金公司后，基金经理会为这个客户单独设立一个共同基金。哪种方式更好？有些股票经纪人说拥有自己的共同基金更好，还有些人喜欢独立账户资产管理。两种账户都能够带来账户管理费，大约每年是1%。有时候股票经纪人可能会让客户买些别的产品，也能赚点额外的钱。每一个华尔街的企业都是从电话会议开始新的一天的。投资战略分析师讨论当天的时间，股票分析师讨论股票，看哪一只股票的评级和盈利可能会提升或是降低。从一定意义上说，这些电话会像涟漪一样带动着整个行业，股票经纪人也可以依据会议讨论的情况与客户打电话通报相关消息或约定会谈。

企业也会定期创造并卖出结构性产品，担保投资者会在一定时期内获取一定的回报率。这些基金一般都会收取费用和高佣金，而客户是不知道的，因为这些费用都隐藏在购买价中。例如，一个报价10美元的产品，可能包含了4美元的费用，而那些建议也不一定总是最好的。想一想可变年金。在金融危机爆发之前，这些保险产品在华尔街内外越来越盛行。股票和债券会浮动，而可变年金会提供有保障的回报率，还能够支付股票经纪人6.5%~14%的佣金收入。如果是50万美元的可变年金，销售佣金10%，那么股票经纪人就能拿到5万美元的佣金。在有些地方，佣金常常是对外披露的信息，但都是用晦涩难懂的法律语言并且是小字描述的。披露文件是律师写的，很少有人认真读。大多数情况下，人们只做华尔街让他们做的事情，他们只关心未来的利益，例如可变年金带来的保底收入等。

贝尔蒙特资本投资顾问公司（Belmont Capital）的合伙人斯蒂芬·索拉卡（Stephen Solaka）说："各种动机之间缺乏协调。股票经纪人不受客户的激励，而更高风险的产品获利更大。固定收入产品能够支付经纪人一小笔钱，大约30个基点，但是权益类产品能够支付

1%。很多股票经纪人倾向于更高风险的产品，因为他们能够获得更高的收入。"① 索拉卡的客户支付一定的费用，但是并不支付长期佣金。这是像索拉卡这样的注册投资顾问与股票经纪人之间的一个关键区别。投资顾问收取费用的方式更像是律师和会计，且费用是透明的，但是与此对应的，客户往往要提前为服务支付费用，尽管也有些顾问从管理资产中扣除费用，就像股票经纪人一样。不过顾问通常只是因他们提供的建议而获得费用，一般不会因为销售金融产品而获得报酬。

股票经纪人几乎从来不会披露超出1%的年度管理费的薪酬部分，或是销售股票获得的回扣。他们很少告诉投资者，经纪人卖给客户的共同基金也要收取一定的管理费。这就是中介行业的一个问题——信任缺失。信任变成华尔街和客户之间的高溢价产品。现在，只有这个行业还不能够或是不愿意完全、简单地说明中介费用。如果会计、律师和医生都能定期地提供服务的账单或说明，那么股票经纪人也应该做到这一点。只有当华尔街的销售能够达到这种透明度的时候，特别是对普通的个人投资者都能如此透明之时，我们才能说大多数人都享受了良好的服务，才能够把股票经纪人或是华尔街当成汽车销售员一类的中介人员。这种观点可能过于严苛，但是切中要害。股票经纪人的工作并不神秘，他们就是中介，帮助人们买进或是卖出不同的产品。应该理解他们做什么或是他们怎么做的，而不应该是神秘的或是刻意隐瞒的。

或许你的股票经纪人会帮助你管控费用，如果是那样的话，你很

---

① 来自与作者的对话。

可能找到了一个好的股票经纪人。因为费用最终会损害投资人回报，当投资者购买共同基金和其他产品时尤其是这样。这些产品总是随着股票和债券市场的涨落而上涨或下跌，而且没有任何机制能够抵消这个风险。股票经纪人常常提出要对损失免除责任，他们更愿意承担投资收益的美名。

请记住，股票经纪人是销售员。投资顾问就是销售员，不管他们在什么企业有什么头衔，股票经纪人都是在企业的销售部门工作，他们总是在出售产品，所以他们常常是最后才明白金融市场上发生了什么事情。股票经纪人天生就是看涨行情的，要是看跌，经纪人就要饿死了。如果你不去投资股票或是持币观望，股票经纪人就不能赚更多的钱，甚至根本就赚不着钱。

2011年10月，当全球股票市场都在下跌，大家都在担心自2007年以来的金融危机进入了新的严峻阶段的时候，一些股票经纪人面临着艰难抉择。有些人坦诚地说，如果他们告诉客户卖掉共同基金，买进高分红的股票，最终保护客户度过金融风暴，那么股票经纪人就得亏钱，因为他们就不能从共同基金那里获得报酬了。因为如果客户买股票，只要一次性付一笔佣金就得了，而股票经纪人通过出售共同基金能获取更高的回报。

| 隐藏的费用 |

美国共同基金常常包括各种费用，明处的费用和暗处的费用都有。除了管理费以外，基金还收取销售费用，这些费用令人费解，而且还不止一种。A类股票通常收取前置费用，大约5.75%；B类股票规定当基金卖出时收取一笔费用；C类股票根据客户的持有期收取费用。有些基金甚至还有更多的收费类别。

很多共同基金还收一种叫作"12b-1"的费用。这个费用是让共同基金公司扣除那些可能与营销和运营共同基金相关的费用。至少，12b-1费用原本是用作这个目的。这些费用现在大多用来支付给股票经纪人，奖励他们出售基金。有时这些钱还会退还给客户，有时就不退了。

每个共同基金股票都含有一个特殊的12b-1费用。除了销售附加费以外，A类股票经常还收取25个基点的12b-1费用。B类股票没有前置费，但是收取25个基点到1%的12b-1费用，这是一个基金公司获准收取的最高费用了。当B类股票售出时，投资者常常会支付一笔费用，尽管当减持某个基金的时候，管理费用会相应下降。C类股票常常收取1%的12b-1费用。这些微小的费率累加起来就是一大笔钱。2007年，共同基金收取了133亿美元的12b-1费用。到了2009年，这个数字下降到95亿美元。

警惕新产品

华尔街会持续不断地创造新的金融产品，投资者应该感到疲惫了。这些产品可能是昂贵的"廉价汽车旅馆"：买进来容易，卖出去难。新产品有时会卖给那些没有觉察的投资者，因为机构投资者通常会尽量清空难以出手的产品。一个顶级的城市债交易商在金融危机最严重的时刻，把城市债打包成几个交易型基金，而当时根本没人愿意买城市债。交易商将这些产品卖给没有经验的投资者，而有经验的投资者根本就不会问津这些产品。所以，当你要买新的金融产品的时候，想想上面这个故事，找出为什么会卖这个产品，谁在背后推动这个产品。如果你搞清楚了隐藏在产品背后的动机，你就能更好地了解风险了。

在最初的阶段，所有的新产品的重大风险就是它们基本没有什么流动性。有经验的投资者一般在产品发布的前6个月不会碰这些产品，或者等到新产品的日均交易量达到至少100万股，抑或达到其他的一定销售量，能够确定证券的日常买卖不会影响价格时，才会考虑购买。流动性就是说要有人买有人卖。看看IBM的股票，每天的成交量都有上百万股。你能够不费力地买进或卖出IBM的股票。买进或卖出100股或是10 000股，并不会影响股价。但很多新的金融产品做不到这一点，它们常常易买难卖。

令人难受的一段话

怀疑精神是投资者一个重要的特点。与股票经纪人和华尔街上任何人打交道都要持有一种批判的态度。再想一想，大多数股票经纪人对别人都很粗鲁甚至狂躁，为什么偏偏对你和蔼可亲？不管怎样，一定要记住你的钱跟你有切身关系，股票经纪人跟你可没什么密切的关系。这看起来可能有点冷冰冰的，但是华尔街和你的关系就是这样。华尔街不在乎你是死是活，赚钱还是亏损，只在乎能从你手上赚多少钱。这种毫无感情的观点说透了华尔街和股票经纪人的实质，可惜太少人能够认识到这一点。

滑稽的一面

玩笑有时比分析甚至对话更能表现出一些人、一些地方的观点，玩笑更能体现文化。这里有两个关于股票经纪人的笑话。

一位经纪人死了，他有机会参观天堂和地狱，然后决定他想去哪里得到永生。他选择先看看天堂和地狱都长什么样。在地狱，他原以为会看到拿着叉子的魔鬼，结果看到的都是美女、美食、美酒和宴会；而在天堂，都是一些小天使在拨弄着竖琴。于是经纪人选择了地狱。一下子，他就站到了魔鬼面前，四周都是火堆和痛苦的尖叫声。经纪人问魔鬼："美女、美食、美酒和宴会都去哪儿了？"魔鬼大笑着说："那些都是我们用来推销地狱的企划书。"

还有一个笑话。经纪人死后上了天堂。天国之门上有一条巨大的线，经纪人走上前去，问圣彼得是否能帮忙挪走那条线。圣彼得同意了。突然间，很多人开始朝着地狱跑去。

圣彼得问："我的孩子，你说了什么，他们就开始跑了？"

经纪人回答："我告诉他们地狱里有一只非常好的股票在热卖。"

突然，经纪人也掉转脚跟跑向了地狱。

圣彼得大喊："我的孩子，我的孩子，你要去哪儿？"

"去地狱！"

"但是为什么呀？"

"因为那可能是真的！"股票经纪人说。

另一段妙语

经纪人一般不对客户承担受托责任，受托责任意味着经纪人要把客户的利益放在第一位。2011年1月,美国证券交易委员会建议股票经纪人采用受托标准,但是自那以后没有任何变化,股票经纪人仍然是采用适宜性要求。这就是说,股票经纪人要保证他们不卖、不建议客户购买不合适的产品。一个靠社会保障金维持生活的退休老人不应该交易金融衍生品,不应该购买高风险的增长型股票。这样的客户更适合购买传统的股票和债券,做一些能够带来收入的低风险投资。

| 适宜性要求 |

股票经纪人应该确保所提出的金融投资建议与投资人的年龄、目标和财务状况相适应。举例来说,退休老人可以购买一定量的能够带来固定收入的低风险产品,不适合进行期权交易,或是把所有的钱都放在股票里,因为那些风险比持有债券和股票高多了。但是高风险的投资能够给经纪人带来更高的佣金。另外,一些股票经纪人不甘心一直做经纪人,他们想要成为交易员或是基金经理,他们可能认为他们对市场的感觉很敏锐,知道哪里热或者哪里将会变热,然后把钱转移到各处来追逐市场趋势。但根据市场趋势来管理资金,而不是用做投资,这是错误的。经纪人应该帮助客户坚持一种投资战略,这就是为什么我们要经常问问公司为什么推荐这种产品组合给你,看看你的账户和公司的建议模型是否匹配。二者不一定要完全一致,但是也不应该完全背离。当然,所有人在开主账户的时候都会被要求完成一个客户的问卷调查,这个问卷常问的信息包括:资产、收入、风险偏好和经验。在实践中,这个问卷似乎已经成为一个中介公司免受投资者投诉的保护伞,根本不能真正帮到投资者。

证券交易委员会的一项研究表明，实践中有 3 种达到适宜性的方式，包括法院、证券交易委员会执法行动和金融行业监管局，这些机构负责给股票经纪人发放营业许可证等事务。合理的基础适宜性意味着股票经纪人必须做好调查，充分了解证券和投资战略方面的信息。客户相关的适宜性意味着股票经纪人必须根据客户的财务状况和需求提出建议，股票经纪人必须掌握相关的和即时的信息，了解客户的财务状况。

量化的适宜性分析适用于那些实际上控制客户账户的经纪人，他们能够根据合理情况在一定时期内提出很多交易建议，尽管看起来可能是合理的，从客户投资的整体情况来看算不上是过度交易或是不合理，但这种交易活动实际上包括了过度交易。

信托标准

千万别忘了，股票经纪人是为了佣金而工作的。他们是销售员，他们在银行的销售部门工作。他们的头衔在不断变化，用来掩盖他们是销售人员的事实。注册投资顾问有信托责任，必须为客户的最佳利益服务，而股票经纪人不是这样，他们根据不同的监管要求来运营。这是很重要的区别，但是常常被人误解。2011 年 1 月，证券交易委员会发布了一份关于投资顾问和股票经纪人的报告，建议股票经纪人也应该遵循同样的监管标准。这个报告在当时引发了很大的争议，但是最后什么也没有改变。在报告中，证券交易委员会提出，信托责任适用于投资顾问与客户之间，甚至是与潜在客户之间关系的全过程。顾问有责任披露所有事实，有义务谨慎避免误导客户或是潜在客户。

信托责任要求顾问忠诚、谨慎，为客户争取最大利益。证券交易委员会的报告提出，这项义务要求顾问不能将客户的利益置于自己的利益之下，顾问必须进行合理调查，不能根据不正确的或是不完整的信息提出建议。

当顾问为客户选择股票或是向客户提出建议时，他们必须公开支付交易以及顾问本人与企业的关系。顾问必须解释将如何处理利益冲突的问题。

顾问还必须向客户披露其如何从服务中获得收入，必须在企业的宣传册中详细说明他们在提供顾问服务时所获取的报酬，说明费用收取情况并明确说明费用是否可以商量。证券交易委员会的工作人员认为，信托责任意味着顾问必须收取公正合理的费用，如果这些费用高于行业的普遍标准，顾问应对外披露。这主意听起来相当不错，不是吗？

莎士比亚的原则

这些关于华尔街是如何赚钱的讨论不可避免地将引发华尔街的强烈反对，因此莎士比亚的原则就很有帮助："我认为你们这些人抗议得太多！"华尔街对一个问题的批评程度一般和这个建议对普通投资者能够带来的好处反相关。很多华尔街高层人士都知道这一点，但是他们几乎什么也不做，因为与那些只赚一点钱的普通大众站在一条战线上没什么好处。如果你还认为银行不在乎费用，那你就错了，在金融危机期间，一家国际顶级银行的交易员不小心把一封发给保密客户的电子邮件发给了一组投资者，邮件介绍了关于一个对冲基金客户的保密信息。电子邮件中的信息包括那个对冲基金交易员的工作经历以及交易员向银行支付的年度费用收入金额——25万美元。这是实实在在的钱，这也是华尔街真正关心的地方。个人投资者都是在路上被碾轧的，这话听起来刺耳，却是实话。很多经验丰富的投资者都会积极监测这一情况。

一家世界顶级交易所的高管特别担心华尔街抢他的钱，所以他花钱雇了一个理财顾问来帮助他监督经纪人，他要确保经纪人不会拿走他们不该拿的东西。

求助于常识

不是所有的经纪人都是坏的，也有很多经纪人非常好。当你发现了一个很好的经纪人，一定要长期用他，并把你的朋友和家人介绍给他。好的经纪人辛勤工作，也值得获得高薪。大多数人永远不会遇到这类经纪人，因为他们的账户规模太小或者他们运气不好。大多数人遇到的经纪人都是经常试图向你推销、推销、再推销。面对各种危险和纷繁复杂的谎言，求助于常识看起来比较合理，但实际上并不是非常直接明了。通过常识进行营销往往会带一点真实的情况。最常见的策略就是把股票市场的下跌和商场倾销做类比，这当然没有问题，但是它忽略了重要的一点，经纪人通常不告诉客户要在股市崩盘前卖掉部分或是全部股票。经纪人宁愿客户投资更多的钱，因为，股票经纪人可能会说，股票要长期持有才能赚钱。当然，这样说也可能是真的，前提是你得活上100年，而且这期间还不能把钱取出来花。一般来说，这些话很少触及风险和损失等事项，甚至这些话可能是被人操纵的，或是忽视了困难的市场现实，比如分散投资的本意是规避风险，但实际上各种股票间的相关性使分散投资很难实现这个目标。

想一想 2007 年次贷危机期间的一封邮件所介绍的情况吧。一个读者写道："我们作为投资者，一次又一次地受到欺骗。"他很绝望。他的经纪人让他买富国银行的股票，当股票开始下跌时，他问经纪人该怎么办。经纪人说，如果你认为富国银行会破产，就卖掉股票。如果不是这么认为，就应该继续持有或者买进更多股票。他问道："普通投资者究竟该如何做决策呢？"

当然，事情并不总像它们表现出来的那个样子。股票经纪人在客户赚钱时乐于接受感谢，但是投资损失就不是他们的责任了。就像肯尼迪总统说的："成功有 1 000 个爸爸，而失败却是一个孤儿。"

| 可以信任但还是需要验证 |

永远不要忘记先去金融业管理局经纪人查询网页上查询或是拨打客服电话查询，之后再把钱交给股票经纪人。通过查询，你会知道是不是有人针对这个经纪人进行了申诉，或者这个股票经纪人现在是不是卷入了或是曾经卷入了客户争议或监管行动中。

所有的股票经纪人都在中央注册存储中心注册。你能够查明经纪人是否在某个州有合法的登记证件，是否与监管者发生过冲突，或者是否接到过投资者的严重投诉。你还能找到关于股票经纪人的教育背景和工作背景方面的信息。还有一点也很重要，问一下该州的证券监管者，他们的信息更全面，掌握更多关于投资者投诉方面的信息。州证券监管者的联系信息都挂在北美证券管理者协会的网站上。

千万别把钱交给那些没有在证券投资者保护公司备案的经纪人或顾问。证券投资者保护公司就像联邦储蓄保险公司一样，保护民众在银行破产时少受损失。如果你把钱交给非注册人员，那么一旦企业破产了，你可能就拿不回钱了。

大多数人从来不问股票经纪人的资质或是经验，就把大笔的钱交出来，想着这些钱一定会得到很负责任的对待，他们总是盲目相信经纪公司。有个经纪公司的总裁说，要是让股票经纪人管理他的钱，他要做的第一件事就是问问经纪人最近的成绩单和个人财务状况如何。这个经纪公司总裁认为，在把钱交给经纪人前，先研究经纪人如何处理自己的财务状况很重要。那个总裁说，如果某个经纪人退缩了，实际上大多数人都会退缩，那么他就把钱交给其他经纪人管理。还有一种更好的解决方案，就是让经纪人填写新客户问卷调查，所有的客户在开立账户时都要完成这个问卷。通过这种方式，客户就能了解经纪人的财务秉性、经验和资产情况。有些人对这么直接地索要对方的信息感到不舒服，但是如果因未做好尽职调查而亏损，可能会让你感到更不舒服吧！

至少，你应该知道这个股票经纪人已经在一个公司里工作了多久，他是否想在接下来的24个月里跳槽。看看他的简历，问问他的家庭情况和职业目标，以及他管理的资产的平均规模多大、中等规模多大。如果他主要是关注那些大的账户，或者是小账户，你肯定不想让这样的人管理你的账户。因为管理大额账户的经纪人很少会关注你的小额账户，而长期管理小额账户的经纪人可能不具备处理大账户的经验。

问问经纪人，客户一般跟他合作多久。从某种标准来看，经纪人一般只能维持客户两年左右。让经纪人讲讲他做的最糟糕的投资失误和最精明的投资决策，他从中学到了什么。见见他的老板。让经纪人给你提供一个名单，至少要列出 10 个客户的联系方式，这样你可以联系他们来询问这个经纪人的情况。如果名单上只列了 3 个人是不够的，谁还没 3 个好朋友呢？问问经纪人，在 2007 年金融危机之前和之后的时期，他的投资者账户是什么情况。你需要了解他是如何看待市场波动和风险的。如果他说股票总是会浮动的，那你就要小心了。这种经纪人可能会对你的损失漠不关心，天天喊着"别害怕，继续买进"。问问经纪人他认为什么样的关系是成功的关系。问问他，比照标准普尔 500 指数这样的标准，他会如何判断自己的业绩，或者是客户的账户情况。过去的那些做法可能在现在的投资环境中不太适用，但是所有的成绩都是可以比较衡量的。如果相关的基准涨了 20%，而你的投资只涨了 10%，这就算不得什么成绩。因此，所有的数字，包括费用，都应该放在一定的情境下来计算，要有一个比较的标准。看一看你的账户是否是跟踪标准普尔 500 指数或某个债券指数，以及其他的什么标准，这些才是用来决定账户是否成功的一个标准。

问问经纪人他是如何管理客户的。如果你有问题要问他的客户，应该如何联系。你会时不时地需要从你的账户把钱转进转出，问问他这需要用多长时间。问问他赚多少钱，他的收费或是回扣比起他们的同行来讲是什么水平。简言之，了解你从自己的投资上获利多少，你要把多少钱交给经纪人。如果你觉得不好意思问这些尖锐的问题，至少要让你的经纪人填写一下网上的美国退休者协会制定的一份金融顾问问卷调查，你了解的信息越多越好。

积极的和消极的基金管理人

在你的金融生活中，有一条铁律要遵守，就是要常常询问你的钱的管理情况。健康的怀疑主义对你有好处，特别是在你选择基金或是ETF时。大多数账户额度低于10万美元的投资者都会选择只买ETF或是共同基金，这些产品收取的管理费较低。如果你必须选择积极地管理共同基金，要认真研究一年以上的投资业绩。比较一下基金的管理费，至少要看看基金过去5年的收费情况。最理想的状态是，看一看这只基金在其生命全周期的表现情况。如果基金中途更换了基金经理，看看每一个基金经理的表现情况，因为频繁变化意味着这个基金内部有些问题。最好在一开始不要使用那些共同基金的排名，比如晨星公司的评比情况，要自己做好功课，形成你自己的看法，然后再参考晨星公司和其他的基金评级公司的评级情况。

拥有跟踪市场的指数基金或是ETF可能会吓到很多投资者，因为指数会随着市场涨落。积极管理基金，找个人帮助你掌舵，最好能做到逢低买入逢高卖出，但是现实是，2/3的共同基金经理不能打败市场基准。

标准普尔曾经测试过这一点。其研究发现，2004—2008年，71.9%的积极管理的大市值共同基金没能超过标准普尔500指数，79.1%的中等市值基金没能超过标准普尔中等市值400指数。小市值共同基金的数字就更高了，85.5%的基金没能打败标准普尔小市值600指数。固定收益和国际基金的表现也类似。测试结果与1999—2003年的市场周期相似。

标准普尔公司的研究员斯里坎特·达什（Srikant Dash）和罗莎娜·潘恩（Rosanne Pane）在 2009 年 4 月发布了调查报告，通过比较 2009 年 4 月标准普尔指数和积极管理基金的表现，他们认为："熊市需要更多积极管理的信条是个误区。"①

从自身利益考虑，标准普尔需要努力打造指数基金和积极管理基金的形象，这个公司通过授权共同基金和其他金融机构使用其指数赚了很多钱。而马萨诸塞州养老金储备投资管理委员会没有类似的需求。这家基金公司有一个简单易懂的宗旨，那就是要提高它所管理的 470 亿美元的资产的回报率。

2008 年 8 月，在金融危机期间，这家基金公司开除了 5 个积极的基金管理者，因为他们的业绩太差。他们的管理资金来自莱格·美盛公司（Legg Mason）、加德纳·刘易斯公司（Gardner Lewis）、NWQ 投资公司、马萨玛资本公司（Mazama Capital）和艾瑞尔资本公司（Ariel Capital），投资于罗素 3000 指数和一系列对冲基金。

时任退休基金执行总监迈克尔·特拉瓦利尼（Michael Travaglini）说："我们已经管理这笔钱 24 年了，而我们雇用的那些传统的只知道买入的权益产品经理没有在这个时期内为公司增加价值。"②

这家退休基金公司的决定并没有引起华尔街以外的人们的关注。《加特曼投资通讯》（Gartman Letter）是一个非常有影响力的刊物，很多顶级对冲基金和银行都订阅这个刊物，它的出版人丹尼斯·加特

---

① 资料来源：Standard & Poor's Indices Versus Active Funds Scorecard, August 20, 2009.
② 资料来源：Daisy Maxey and Jay Miller, "Massachusetts Ousts Pension Managers," *Wall Street Journal*, August 7, 2008.

曼（Dennis Gartman）觉得有必要让他的读者了解这一决定的重要性。他写道：

> 我们强烈建议那些只知道买入的权益产品经理多读几遍特拉瓦利尼先生的评论，因为我们担心这次事件是在为那些只懂得买入的股票基金经理敲响了丧钟——他们的时代已经过去了。曾经，基金经理只要懂得如何在市场中买入股票，我们就会付钱给他们，而不是将其业绩与行业平均水平做比较，并且对于超出平均值的经理给予奖励，现在，这样的时代已经消亡了。钱只会付给那些业绩表现好的经理，当然大家都会得到一点固定的费用，但是那些表现非常棒的将会得到更多额外的收益。同时，要迅速清除那些表现不佳的基金经理。①

事实上，特拉瓦利尼在解释他的决定的时候提出，退休基金希望能够创造一种能够"持续增加价值"② 的结构，而这正是所有投资者在与股票经纪人和对冲基金打交道时必须牢记的关键问题。

---

① 资料来源：Dennis Gartman, The Gartman Letter, August 8, 2008.
② 资料来源：Maxey and Miller, "Massachusetts Ousts Pension Managers."

第七章

周期

有三个重要的周期模式会影响股市的活动。第一种是季节性模式，影响月度交易。第二种是行业模式，也叫作市场分割模式，是当一只股票或者一个行业独立于整个市场表现出的一种发展模式。苹果就是行业牛市的一个典型案例，它在发布了苹果手机和平板电脑后创造了新的市场和新的交易模式。另一个不太成功的例子就是房地产市场的涨跌和互联网行业的涨跌。经济模式是第三种周期性模式，反映着经济的扩张和收缩。这三种周期模式就像海洋潮汐一样，随着太阳的运动而涨潮退潮。

每个月，股市都会有一次明显的个性体现。有些月份是牛市，只是因为这几个月刚好遇到了一些影响交易的事件，例如4月15日是纳税的最后期限，或是共同基金财年结束之时。有些月份是熊市，是因为历史上下跌经常发生在这几个月。这些季节性因素已经存在了100多年。华尔街就利用这些季节性模式来设计交易，做出投资决策。这些季节性模式影响股票交易，就像磁铁吸引含铁的物件一样，基本上无所不能。一些大型事件，经济衰退、银行破产等，可能会超越季节性因素，所以季节性因素最多是作为一个关注市场的参考标准，而不是维护交易系统的万无一失的手段。事实上，那些相信系统万无一失的人常常会受到市场的愚弄。

市场上的时间计量标准与生活中的计时标准有所差异。一年只有256个交易日，不是365天。一天是六个半小时，不是24小时。纽约股市是早晨9:30开始，下午4:00闭市。在这段时间之外，你做不了任何事情，只能等待股市再次开市。即便是在交易阶段，每个时段的重要性也不一样。最关键的时间通常是最初和最后的半小时交易时间，在这短短的30分钟的时间窗口里，一天的生意都会被处理掉，其间除非发生重大新闻事件，否则不会有什么大的波动。

了解每个月的季节性特征可以帮助投资者追上市场的步伐。通过了解这些结构性影响因素，投资者可以获得超出其他人的一些优势。这些模式就像是医生用的听诊器，帮助我们识别和听出市场的节奏。

月度交易模式的存在原因是个谜，它们就是市场的现实情况。但是事实和真相又不一样，有市场数据支撑的观点就是事实，没有数据支撑的观点就是猜测。事实往往暗示着真相，事实是市场的指南针，仅此而已。当季节性模式奏效的时候，它们强化了股市是可以预测的这样一种观点；而当它们没有奏效的时候，它们常常表明有些地方出了问题，市场深处有可能有些问题，并且很快会浮出水面。

| 股市中的一年 |

1月是个令人兴奋的月份，因为投资者一般在上一年的12月卖掉亏空的股票，这样他们可以在纳税时申报损失以减少税负，到来年

1月时再重新布局股票投资。根据一家向机构投资者提供咨询服务的公司——贝斯波克公司（Bespoke Investment Group）的研究表明，从历史上看，过去100年间，1月道琼斯工业指数平均上涨1.01%；过去50年间，该指数在1月平均上涨1.2%；过去20年间，该指数在1月保持平稳。① 1月常常充斥着各种情绪，如果过去一年的交易情况比较困难，人们常常期望新的一年股市能够大涨；如果过去一年的市场情况不错，人们就希望新的一年能够更加美好。新年伊始，所有的银行都会发布战略报告，预测股市新一年的发展情况。这些报告常常通篇都是积极向上的口吻，通过电子邮件广泛发送出去。机构的推销员通常会登门拜访主要的投资者，而股票经纪人有时也会去拜访他们的客户。

股市中两个最重要的季节模式会在1月发生：1月晴雨表和1月效应。

根据《股票交易者年鉴》（*Stock Trader's Almanac*）的说明，1月晴雨表能够对一整年的情况做出较为准确的预测。如果股市在1月上涨，往往说明接下来的一年都会比较顺利。自1950年开始，这一判断的准确率达到了78%。《股票交易者年鉴》指出，从1950年以来，每当标准普尔500指数在1月下降时，常常预示着这一年股市将是熊市或者延续着上一年的熊市，股市走势较平缓，甚至可能出现10%左右的下调。如果标准普尔500指数在1月的前5天内出现上涨，那么在86.5%的情况下，这一年年底股市的市值会高于上一年。

---

① 贝斯波克公司关于历史股票市场走势的数据对本章的编写很有帮助。该公司的网站 www.bespokeinvest.com，对投资者来说是一个重要资源。

第七章　周期　/　171

耶尔·赫希（Yale Hirsch）是《股票交易者年鉴》的创始人，他在1972年创建了1月晴雨表。自1950年以来，只发生了6次重大偏差。为什么晴雨表能够奏效？这是因为1933年通过的美国宪法第20条修正案改变了失败的政客离开公职的时间规定，每年1月，美国总统要发表国情咨文，介绍全年的预算，而这往往会鼓励市场情绪。

1月效应聚焦的范围要小于1月晴雨表，是指小市值股票在新年的第一个月表现强劲。1983年，芝加哥大学毕业生唐纳德·凯姆（Donald Keim）发现，在纽约股票交易所和美国股票交易所交易的小市值股票的表现优于大型企业的股票（如果你想了解小市值股票的详细名录，可以参考罗素2000小型股指数）。1983年，凯姆在《金融经济学》（*Journal of Financial Economics*）上发表了他的论文《规模相关的异常表现和股票回报的季节性因素——进一步实证研究情况报告》。他发现大多数利润回报发生在前5个交易日内，针对1月效应的交易往往会提前进行。有些时候，投资者早在11月就开始购买小市值股票或跟踪小市值股票的交易型基金。这也是股票市场如何对未来收益进行规划的另一个具体事例，在做出对未来的预判后提前采取行动。

1月效应如此强大，甚至在1929年的经济大萧条中仍然有效，宾夕法尼亚大学金融学教授杰里米·西格尔（Jeremy Siegel）说：

> 从1929年8月到1932年夏天，这一时期小市值股票已经损失了90%的价值，但每到1月，小市值股票都会崛起，在1930年、1931年和1932年的1月分别上涨13%、21%和10%。这证明了1月效应的巨大威力，股票投资者可以在大萧条时期使个人

财富增加50%，只要他们在3年间的每个12月买入小市值股票，然后在接下来的1月末卖出股票，在其余的月份里把现金存好就行了。①

西格尔说，1925—2006年，标准普尔500指数的回报率平均为1.27%，而小市值股票的回报率为6.07%。

2月一般是个安静的月份。在经历了1月的大起大落后，道琼斯工业平均指数在2月往往会稍微下滑一些，就好像投资者在前一个月已经累得筋疲力尽了一样。到了2月，股市战略家会继续维持标准普尔500指数的绩效目标，分析师将跟踪股票，他们早在1月甚至是上一年的12月就发布了他们对股市的判断和预测。2月往往用来结合具体情况校准此前的预测，他们会去拜访客户以进一步阐明过去的观点，希望能够为他们效力的银行带来更多的交易收入。

贝斯波克公司的研究表明，在过去100年间，道琼斯工业平均指数在2月下降0.12%，在过去50年间下降0.03%，在过去20年间下降0.10%。这种无声的表现往往反映了市场的流动情况。1月大量的钱涌入股市，到了2月已经没有什么能够大幅刺激股市的力量了。由于缺少新资金的投入，股票价格会停滞，华尔街也相应地沉寂下来。

3月常常会有一点盈利。这是第一季度的最后一个月，也是开始公布收益状况的季节，这个时候投资者都在等待各家企业公布盈利情况的报告。分析师一般在3月更新利润计算模型。他们还公布研究报告，

---

① 资料来源：Jeremy J. Siegel, *Stocks for the Long Run*（New York：McGraw - Hill），2008，308。

预测哪些公司的盈利状况高于预期，哪些公司的盈利状况低于预期。大的投资者常常需要和分析师保持密切联系，分析师会在公布研究报告前先把研究结果告诉他们最好的客户，这必然会刺激投资者在公布年度盈利状况前采取行动，也就是在低价时买入，希望能够高价卖出。由于投资者都在买入股票，整个市场也常常被推高。贝斯波克公司的研究表明，3月，道琼斯工业指数在过去的100年间上涨0.65%，在过去的50年间上涨1.09%，在过去的20年间上涨1.12%。

4月常常是一年中最好的月份。4月，道琼斯工业指数在过去的100年间上涨1.36%，在过去的50年间上涨2.02%，在过去的20年间上涨2.65%。大多数美国企业在4月公布第一季度的利润报告，投资者会根据盈利情况重新调整股票投资战略。如果股票表现不如预期，公司高层的盈利指南将会是一股重要的力量，能够说服投资者着眼未来，不要过多在意企业过去一段时间的表现。而且，即使企业在年初出现什么问题，风险也不大，一般不会像年末企业出现问题的影响那么大。

4月股市的波动性有可能比较大，因为4月15日是公司报税的截止日期，这有时会导致市场下滑，人们批评说这一天大家要卖股票来缴税。

4月往往令人感到困惑。如果股价下滑，或者利润不像预期那么好，这就是市场对你发出的一个预警信号。市场状况可能会出现波动，如果股市的走势与年初的预测正好相反，那么千万不能忽视这个方向性的逆转。

5月一般是个过渡期，不会大涨也不会大跌。这是第二季度的第二个月，投资者这时正在等待第二波盈利报告，将根据市场事件和经济数据做出相应的反应。贝斯波克公司的研究表明，5月，道琼斯工业指数在过去的100年间上涨0.02%，在过去的50年间下滑0.09%，在过去的20年间上涨0.99%。5月也被看作是半年股票周期中收割利润的一个月。老话说："5月卖出，然后逃离股市。"《股票交易者年鉴》认为，这句老话的意思就是让大家在5月卖出所有股票，然后投资债券。尽管股票经理人在这个时间卖出股票的趋势似乎并不明显，尽管从1950年11月投资股市1万美元，截至2009年4月将上涨到52.7388万美元，但这个结果的威力巨大，同样的1万美元，如果投资时间是从5月到10月，将会发生什么？市值将下降474美元。为什么会这样？因为从夏天到秋天经常会出现各种扰动市场的因素。

5月卖出股票的说法为华尔街广泛知晓，但实际上从来没有人进行大规模的卖出。那么如果5月股票投资不降反升又怎么解释呢？这只能说明你的产品经理是在用投资人的钱做投资，而不是自己的钱。

6月交织着希望和现实。这个时候，投资者开始关注第二季度的利润报告了。股票分析师开始追踪他们覆盖的公司，预测利润报告内容。投资者会致电分析师，询问他们的意见，修正交易策略，调整股票仓位。6月底，也是上半个交易年度结束的时刻。短期资本经营者会反思，看他们的基金是否能赶得上基准指数的表现，比如标准普尔500指数或是罗素2000指数，并根据基金的表现采取相应的行动。贝斯波克公司的研究表明，6月，道琼斯工业指数在过去的100年间上涨0.38%，在过去的50年间下降0.63%，在过去的20年间保持平稳。

与此同时，美国各地的学校开始放假，华尔街和普通投资者的目光都转向了夏季休假，思考如何过好3天的周末假期，如何带孩子玩，等等。

7月是数据集中的一个月。很多企业发布了第二季度利润报告，投资者现在拥有了半年的数据。《股票交易者年鉴》说，7月是第三季度最好的月份。

贝斯波克公司的研究表明，7月，道琼斯工业指数在过去的100年间上涨1.4%，在过去的50年间上涨0.87%，在过去的20年间上涨1.47%。

8月是全年中最安静的一个月。每到8月，按惯例，高级交易员和产品经理都开始休假，很多欧洲人也是如此。股票和期货市场就交到了初级交易员或基金经理的手中，他们得到的指令就是别做任何蠢事。

数据表明8月是缓慢的一周。贝斯波克公司的研究表明，8月，道琼斯工业指数在过去的100年间上涨0.97%，在过去的50年间上涨0.15%，在过去的20年间下滑0.65%。《股票交易者年鉴》称，自从1987年以来，8月是一年中道琼斯工业平均指数和标准普尔500指数表现倒数第二差的月份。

2010年和2011年的夏天是缓慢8月的重大例外。当时，欧盟解散的谣言四起，人们认为希腊和意大利将会债务违约，欧盟即将解散，导致市场出现了巨大的波动性。很多高级基金经理和交易员都放弃了休假，紧盯市场。

9月常常是一年中波动最剧烈的一个月。因为所有股市的重大崩盘都发生在10月，所以股市中所有的参与者，就像一个13岁的多愁善感的孩子一样，整个9月都在担心10月会发生些什么。9月还是

2008年雷曼兄弟投资银行破产的时间，每到9月，人们就会提起这家银行的消亡，由于大型的美国投资银行一般很少倒闭，因此雷曼兄弟破产对人们的心理影响尤其巨大，人们不禁要想，丧钟究竟为谁而鸣？

贝斯波克公司的研究表明，9月，道琼斯工业指数在过去的100年间下降0.83%，在过去的50年间下降0.79%，在过去的20年间下降0.60%。这个月恰逢华尔街最为重要的一个事件：发放年度奖金。这是件非常大的事情，华尔街一直都是运作别人的钱，直到发了奖金钱才是自己的。到了9月，每个人都会根据他们运作别人的钱的总额来进行工作绩效评价。如果干得好，就能拿到大笔的奖金；要是干得不好，就拿不到大笔奖金，可能还得领一张解雇通知书，这样就一分钱也拿不到了。那些业绩领先于行业平均水平的投资者一般选择在这个时候降低市场风险，到了9月收割利润，以免影响年度奖金。那些跟住标准普尔500指数和罗素2000指数等基准指数的投资者和交易员会选择承担更大的风险，因为他们希望拿到奖金。

添华证券是世界上最大的交易公司之一，其高级交易员史蒂文·索尼科说："在9月或10月，恐惧常常会超越贪婪。这个时候，如果是个好年景，人们往往希望卖出股票锁定胜局；反之，如果市场不景气，人们就会恐慌，希望通过抛售股票来尽快离开市场。"①

令人惊讶的是，10月并不像想象中的那般激烈，至少从数据上看并不严重。贝斯波克公司的研究表明，10月，道琼斯工业指数在过去的100年间上涨0.05%，在过去的50年间上涨0.51%，在过去

---

① 来自与作者的对话。

的20年间上涨1.36%。但如果10月表现糟糕的话，就会非常糟糕。1929年和1987年的市场崩溃都发生在10月。据了解内幕的人说，本轮全球金融危机也开始于10月。但是，10月也是购入股票的绝佳时间，为什么呢？因为6个月的牛市终结于5月而发端于11月，那么10月出手买入就是提早进入了牛市。另外，所有逆向思维投资者都明白，当所有人都感到恐惧时，买入股票是明智的。

10月也是第四季度的开始。贝斯波克公司的研究表明，自1928年以来，标准普尔500指数在第四季度平均上涨2.31%，在71.6%的时间里实现盈利。前面三个季度似乎将会影响最后一个季度，当标准普尔500指数在前三个季度上涨的时候，该指数在第四季度平均上涨4.19%，在82.7%的情况下能够实现盈利。当标准普尔500指数在前三个季度中下滑的时候，第四个季度平均下降1.06%。

10月，共同基金行业还将发生一件大事，很多共同基金把10月30日作为财年结束的一天。因此在这天，很多基金将会对外公布资本盈利和亏损状况。这个事件非常有名，人们还给它起了个名字，叫"装饰门面"。

基金经理不希望把那些亏损的股票也纳入年底的报告中，因为这份报告将会印送给股东看，所以，他们卖掉那些亏损的股票来掩盖决策失误的事实。这种行为可能推动股票甚至是整个市场上下波动。很多股票交易价已经原本接近52周的最低点了，现在又要大跌一下，这是交易中的大事件。投资银行的交易战略家编制、散发各种共同基金持有的顶级股票名录，有些对冲基金也会自己做些研究。例如，对冲基金一类的机构投资者卖出"装饰门面"的股票，希望引发强制平仓，然后等强制平仓风险降低时再重新布局提前买入股票。大银行甚至创造出一篮子"装饰门面"股票，然后把股票卖给大型投资者，后者会将它们打造成交易型基金进行交易。

11月一般来说是个好月份。或许是因为美国重要的节日开始了，包括感恩节和圣诞节，交易年基本已经结束。贝斯波克公司的研究表明，11月，道琼斯工业指数在过去的100年间上涨0.72%，在过去的50年间上涨1.22%，在过去的20年间上涨1.70%。这个月在《股票交易者年鉴》中被评为第6好的月份，即所谓的11月买入5月卖出。

12月属于圣诞老人。整个美国都弥漫着节日的气氛，就像世界上大多数国家一样，人们都在消费。零售业销售情况成为股市和经济的重要指数，因为消费者消费驱动着美国经济，占到整个国内生产总值的2/3，零售业销售额的意义非常重大，可不仅仅是买一个挠痒娃娃那么简单。

强有力的假日消费意味着人们对美国经济信心强劲，人们愿意花钱，意味着他们感到工作稳定，有能力付账单，即使不能付全款，起码可以分期付款给信用卡公司。一个涟漪将会影响整个经济，影响到所有生产和制造消费品的厂家。

而糟糕的假日销售情况就是个令人困扰的魔咒了。如果人们不花钱，那就说明人们担心工作，忧心经济，而且缺乏消费的能力将会给整个经济带来不利影响。这将会给华尔街带来巨大困扰，因为华尔街的交易格言是：如果圣诞老人不敲门，熊市就即将来临。这个令人恐惧的格言是《股票交易者年鉴》的创始人耶尔创造的。如果节日的欢乐气氛没有按时降临，那么坐落在曼哈顿大街上的纽约股票交易所里就会弥漫着低落的情绪。不过，根据《股票交易者年鉴》的记载，大多数情况下，圣诞老人都会按时降临，股票市场在每年的最后 5 个交易日和来年 1 月的前两个交易日都会大涨一次。

12 月，道琼斯工业指数在过去的 100 年间上涨 1.39%，在过去的 50 年间上涨 1.51%，在过去的 20 年间上涨 1.80%。

| 神秘的重复 |

股票市场的季节性周期模式中有一点很奇怪，就是这些周期性影响并没有一个明确的触发因素。没有人真的了解为什么在特定的月份里市场会有特定的反应，即使是在 1983 年发现"1 月效应"的唐纳德·凯姆也没法解释这种现象出现的原因。

最合乎情理的解释是，季节性因素的发生有一定的心理和结构性原因。因为大家都预期会发生这样的模式，人们认为这种模式会持续反复出现。还有一些结构性因素，例如共同基金财年结束的月份，肯定也起到了一定的作用。这些事件导致了广泛的股票交易，其他投资者也预期到了这一点，因此提前做好了安排。对于这一事件的反应反过来又帮助坐实了季节性因素确实存在的观点。甚至在一个月的某些时点这种因素更加明显。很多交易者在每个月的月初或月末会寻找短期交易的机会，他们的理由就是由于很多人在这个时候会选择投资共同基金或退休金账户，那么整个市场都会水涨船高。

一次次地重复将会创造出心理上的事实。媒体和技术也起到了支撑作用。每个月，大量的记者、博主、交易员和市场战略师都会谈论季节性模式。《股票交易者年鉴》主要负责把季节性因素打造成为重要的影响市场的力量，于 1966 年开始出版，在华尔街的分量相当于本杰明·富兰克林（Benjamin Franklin）编写的《穷查理年鉴》（*Poor Richard's Almanac*），收录了关于季节性因素和交易模式的各种事实、简介和观察。华尔街几乎人人拥有一本年鉴，交易员把它当成参考书，银行把它当作假日礼物送给客户。人们还可以在《股票交易者年鉴》的平台上登记注册，从而获得关于季节性交易机会的电子邮件提醒。很多华尔街股票市场的战略师也会通过每天的股市报告通知客户当前存在的季节性影响因素。

总之，在媒体报道、战略报告和各种提醒的共同作用下，市场上出现了一批"快闪党"。所谓快闪党，就是那些通过电子邮件、短消息或是其他电子通信方式联系到一起的人，他们之间可能互相不认识，但是短期内为了一个目标团结起来。这些电子化交易模式，正在越来越多地被用在交易股票和期权上，极有可能会扩大快闪党的影响。

快闪党

比尔·瓦希克（Bill Wasik）现在是美国《连线》（*Wired*）杂志的一名编辑，他常被看成是组织第一个快闪活动的人。2003年6月，他发了一封电子邮件，最终集合了约200人。所有人都按照要求来到了位于纽约市的梅西百货商场的地毯销售部，当售货员问他们是否需要帮助时，每个人都说他们生活在一个公社里，现在想要寻找一个"爱的地毯"。还有一次，瓦希克集合了约500人，地点是在纽约市时代广场玩具反斗城的一个霸王龙机器人前。到了约定的时间，这群人涌向霸王龙机器人，屈膝跪地，然后开始尖叫并挥舞双手。[1]

同样的事情会发生在股市吗？一定会发生。把地毯和恐龙换成股票、指数、谣言或是季节性趋势，然后你就也可以聚集一群金融快闪党。这个快闪党就是华尔街上的众人，这些人能够撼动市场或是股票价格吗？一定可以。那么这群人能有足够的力量来撼动道琼斯工业平均指数或是标准普尔500指数，使它们在整整一个月内一直上涨吗？或许可以。

快闪党依靠社交网络发挥力量，而华尔街以其独特的方式编织了各种社交网络，通过即时信息网络、电子邮件通信表等方式把大家紧密联系在一起。银行、战略师和其他人使用这些网络向投资者发送研究报告和战略建议，投资者也常常将这些报告转发给他的客户或同事，这些报告常常从一组人转发到另一组人。很多时候，记者也是网络的一部分，在他们的帮助下，这些信息被广泛传播。过了一段时间之后，到底是谁最早发出这个信息，或者股票市场是否真的按照这个信息所说的那样做了，都已经不太重要了。如果有人告诉投资者股票将在1月上涨，他们按照上涨的预期买进股票，然后如果股票真的上涨了，那就是1月效应奏效了。如果股票下降了，那么人们就要开始讨论：为什么股价违反了季节性趋势下降了呢？

媒体传播并强化了这些季节性信息的影响。从广义上讲，股市社交网络的风险在于提高了个人投资者的能力，因为他们没有独特的市场知识和市场经验。很快，股市上信息量最少的一批人感到掌握了更

---

[1] 资料来源：Big Think Interview with Bill Wasik, June 3, 2009. http://bigthink.com/ideas/15381.

多的信息，然后采取行动，期待好的事情会发生。好的事情多数时候会发生，有的时候却不会发生，有的时候霸王龙还会醒过来开始吃人呢，这主要还是取决于季节。

| 历史的问题 |

季节性模式就像汽车的导航系统一样，它们能够提供大概的方向，但是有的时候，它们也会告诉你向左转，然后开下悬崖。技术分析也是如此，所有人都通过图表来分析过去发生了什么，以此来判断现在和未来的情况，但是没有人完全依靠技术分析来进行交易。为什么呢？因为过去只是不可靠的市场暗示。交易员之间流传着一句话：沉到海底的所有船只都满载着图表。当然，也有很多船没照着图表走也沉没了，因为它们撞上了某个没看见的东西，这也是事实。重要的是要记住：各种模式和季节只是投资者使用的一种工具，我们绝不能被工具所累。

| 缓慢移动的经济 |

经过前文大篇幅讨论季节性模式之后，可能大家会有这样的想法：股票市场自身就是个庞大的组织，能够根据周遭世界的情况做出反应。这种想法不完全正确。美国经济的确对美国股市有很大的影响，其他国家的经济状况也是如此，因为很多美国企业的收入来自国外。这也解释了为什么12月的零售业销售额对股市非常重要，零售业销售额能够反映经济活动，如果人们买玩具、计算机和其他各种礼物，工厂就会很忙，人们就会有工作。

经济就是股市脚下的土地。每个月的经济数据是对经济体自身健康的评估，经济根据这些数据出现移动或摇摆。这些摆动都会反映在股票市场中，例如不同的股票或是不同行业的股票可能在不同的阶段表现较好或较差。大多数投资者会发现，如果选择跟踪经济指数决定购买何种股票的话，那么他们就没什么时间研究股票了，因为各种指数之间的关系很复杂，比如，波罗的海干散货运价指数对消费者价格指数有什么影响？这个指数对美国国内生产总值有什么影响？

为了简化决策过程，大多数经验丰富的投资者都采用简易原则来分析信息，从而做出投资决策。投资者重点关注几个关键的经济报告，这些报告一般是由供应管理协会在每个月月初的几天发布的。协会发布的商业报告，简写为 ISM，是股票投资者广为使用的工具，用来衡量商业周期的成长和收缩。

ISM 的报告对股票市场有着重大影响。一篇好的 ISM 报告能够使一个好的月份变得更好，一篇坏的报告可能会搅乱整个季节的趋势，促使经验丰富的投资者重新配置股票组合。那些上涨的股票，一旦遇到商业周期逆转，股价可能会瞬间下降。因为在经济周期的不同阶段，不是所有的股票都会上涨，可是散户往往看不到这一点，他们只知道听媒体的宣传，跟风购买那些正在上涨的股票。实话说，并不是所有的产品经理都会根据 ISM 数据及时调整他们的投资，但是顶级银行的战略师在与客户的对话和产品分析中经常使用 ISM 数据。

ISM 的魅力在于表达简洁、历史悠久、来源清晰，它直接用数字来表示经济是在增长还是收缩。如果 ISM 高于 50，经济就是在增长。如果 ISM 低于 50，经济就是在收缩。2007 年次贷危机以来，ISM 的使用更加广泛，因为宏观经济对股票市场的影响越来越大。

ISM 数据是从 1923 年开始出现的。这对投资者很重要，因为它能够提供过去将近 100 年的数据，从而对 ISM 的变动情况进行分析。

也许最重要的是，这些数据是来自美国企业界，因此人们普遍认为这些数据特别真实。美国联邦政府也常常公布经济数据：美国劳动部劳动者数据局提供消费者价格指数，衡量每个月城市消费者购买商品和服务的价格变动；美国商务部经济分析局也提供国内生产总值的数据。所有的这些报告都是影响投资的重要因素，但是，投资者常常会质疑这些政府数据的真实性。在 2007 年次贷危机期间，相关数据报道就没有预期的那么糟糕。有人认为政客操纵了数据，来赢得选票，或者是用假数字来提振信心，告诉人们情况没有想象的那么糟糕。虽然没有任何证据说明这些报道是被操纵的，但是质疑的声音一直存在，而这种质疑将会影响几代人。就像是 1929 年的大崩溃和 1930 年的大萧条一样，这种质疑声将会影响当代以及接下来几代投资者的看法。

| ISM 的构成 |

ISM 报告有两个非常关键的部分：新订单和采购经理指数（PMI）。当投资者提到 ISM 的时候，他们实际上指的是 PMI。这个缩写代表了采购经理指数，它被缩写成 PMI，为的是不要冲淡了 ISM 的品牌。

新订单数据被视作 ISM 的重要构成。新订单数据可以表明经济是否在放缓，或是在快速增长，因为它们代表了企业比以往订购更多还是更少的产品。有的时候，新订单会下探到 50 以下，而 PMI 还没有开始下降，所以很多有经验的投资者把新订单数据看作是 PMI 的先导性指数。

PMI 衡量 ISM 月度数据的 5 个部分为新订单、产出、就业、交货和库存。每个部分在 PMI 总价值中的占比是 20%。当 PMI 高于 50% 的时候，表明经济在扩张；当 PMI 低于 50% 的时候，表明经济在收缩。

有些投资者批评 ISM 数据，因为是消费者消费情况而非制造业情况驱动着美国经济。这是一个重要的警示，但也不是致命性的因素。供应管理协会指出，PMI 数据可以解释年度国内生产总值变化方面 60% 左右的现象，失误率在 0.48% 左右。60% 的比例看起来不算高，但实际上几乎涵盖了所有大型投资银行，而这些银行负责提供 ISM 数据等各种经济指数，因此 ISM 数据对于华尔街非常重要。很多投资者还跟踪全球 PMI 数据，来研究英国、中国和欧洲的经济活动情况，PMI 已经成为华尔街衡量经济周期的常用指标。高盛公司负责维护全球领先指数。全球领先指数主要是根据 12 个经济指数产生，目标是先于其他经济分析报告反映经济信息。摩根大通公司也编写全球制造业报告 PMI 数据，这些数据采自近 30 个国家和地区的 7 000 多名采购经理。该报告涵盖了全球 86% 的制造业，能够提供全球经济和商业条件的预警指数。它和 ISM 一样，在每个月的第一天发布，时间比 ISM 报告晚 1 个小时，通常可以在 ISM 的官方网站上找到。

数字的烦恼

数字简洁是个好事，但是要想了解数字背后的故事就让人烦恼不已了。解读 ISM 数据的关键，或者说是解读所有经济数字的关键，就是要聚焦每个月之间的变化情况。这将提供另一个早期预警的信号。例如，PMI 是 58，然后下降到 54，之后下降到 53，或者是从一个月到下一个月上涨了 3 个点，再下个月又上涨了 4 个点，然后就停住了。由于 PMI 值高于 50，所有这些数据都表明一定程度的经济扩张，但是真实的信息不是这样的。如果 PMI 数值环比上涨 4%，然后突然下降了 2%，即使绝对值还在 50 以上，这也是表明经济扩张停滞，甚至可能紧缩的迹象。产品经理将会考虑调整产品配置，因为不同的股票在经济周期的不同阶段表现各异。

谁说的？高盛公司说的

时机是投资成功的关键。成功的秘诀不在于你拥有什么产品，而在于你在什么时间拥有它。你可能买对了股票，但是仍然亏损，因为你没能和经济周期同步运行，这可比季节性模式的影响更大。关键是要明白，股市中的某些行业会在 ISM 的不同阶段表现良好。周期性行业，例如能源、材料和工业品，一般在经济扩张的时候表现良好。防御性行业，例如医疗卫生、生活必需品和公共事业常常在经济收缩时表现更突出。其他的行业都介乎两者之间。

ISM 有 4 个阶段，每个阶段都支持一个具体的行业。股票的行业分布状况很容易确定。雅虎金融就列出了股票的行业属性，就在股票简介项下，通常行业属性出现在股票简介的左边部分，这都是非常重要的信息。ISM 的商业周期测量也是个重要的信息，通过它可以看出包括高盛公司在内的股票市场的产品战略师是如何看待标准普尔 500 指数和各个行业的表现的。

根据高盛公司的研究表明，ISM 衡量的美国商业周期的 4 个部分如下所示：

1. 收缩早期：当 ISM 下降到 50 以下、低位徘徊或是探底时，医疗卫生、公共事业、消费必需品和电信服务业表现最好。这个阶段的平均长度为 9 个月（这里的平均是指 50% 的情况下，收缩早期比 9 个月长，还有 50% 的情况下，收缩早期比 9 个月短）。

2. 收缩末期：当 ISM 从低谷攀升到 50 时，材料、信息技术、消费者非必需品和金融类股票表现最好。这个阶段的平均长度是 7 个月。

3. 扩张早期：当 ISM 从 50 攀升到顶峰时，能源、材料、工业品和信息技术行业表现最好。这一阶段的平均长度是 11 个月。

4. 扩张末期：当 ISM 从峰值下降到 50 时，金融、公共事业、电信服务业和消费者必需品行业表现最佳。这个周期的平均长度是 11 个月。

总之，平均经济周期长度为 38 个月。在此期间，经济扩张、收缩。有些经济周期稍微长些，还有些稍微短些。这很重要，它涉及市场上非常重要的 5 年窗口期。投资者要记住，每 5 年可能经历一次牛市的兴起、灭亡和重生。在那些周期期间，经济也可能转向，经济和市场周期不断地扰动着股市，而普通投资者大多是跟风投资，常常是高位买进低位卖出。了解 ISM，了解它的移动如何影响股票行业和股票的选择，将会有效地避免我们买到错误的股票或是选择错误的时间买入股票。了解 ISM 的周期也能帮助改善投资回报，因为它能够提供给投资者一张图表，告诉大家在每个周期什么产品表现最佳。

因为 ISM 的各个阶段可以长达 7 个月甚至更长时间，所以它们对股票市场将会产生重大影响。产品经理都是根据年度表现获得薪酬的，很多人会根据经济周期调整产品组合，确保选择在不同阶段表现最好的行业或是股票。这不是投机，它还是属于投资范围。事实上，这属于有纪律的投资，也是侧面证实了市场上没有人真正是买入并长期持有的。这和我们普通投资者受到的教育可能不太一样，只有普通投资者才会盲目地买入股票并长期持有。根据高盛公司的数据，自 1973 年以来的年度平均利润的绝对值表明，随着 ISM 数值高过或低于 50，标准普尔 500 指数项下的 10 个行业的平均年化利润的表现各不相同。

当 ISM 数值从 50 上涨到峰值时，标准普尔 500 指数上涨 13.7%，其中，能源上涨 16.9%，材料上涨 20.2%，工业品上涨 18%，非必需消费品上涨 11.9%，必需消费品上涨 10%，医疗卫生上涨 3.3%，金融产品上涨 7.2%，技术类行业上涨 20.8%，电信行业上涨 1.7%，公共事业上涨 1.7%。这些数字讲了一个事实：当经济扩张时，能够创造对于能源、材料、工业行业和制造业的需求及盈利能力，制造业要加强生产来满足消费者的需求。技术行业也做得不错，半导体芯片现在广泛用于汽车、计算机、家用电器等各个方面。这些行业的表现将会影响股市中股票和基金的选择，投资者希望买那些朝阳行业的股票和基金，而非没落行业的股票和基金。

当ISM从峰值跌落到50的时候，10个行业的表现再次发生变化。标准普尔500指数上涨13.6%，其中，能源上涨23.8%，材料上涨7.9%，工业品上涨9.9%，非必需消费品上涨9.5%，必需消费品上涨13.9%，医疗卫生上涨18.3%，金融产品上涨23.8%，技术类行业上涨7.9%，电信行业上涨17.9%，公共事业上涨23%。

当ISM跌到50以下、低位徘徊甚至探底的时候，10个行业的表现又一次发生变化。标准普尔500指数上涨7.5%，其中，能源上涨13.8%，材料上涨4.3%，工业品上涨3.8%，非必需消费品上涨7.1%，必需消费品上涨15.3%，医疗卫生上涨22.3%，金融产品上涨6.5%，技术类行业上涨6.5%，电信行业上涨13.5%，公共事业上涨14.5%。

当ISM从低谷逐渐攀升到50的时候，市场的涟漪将带来更多的变化。标准普尔500指数上涨25.9%，其中，能源上涨10.8%，材料上涨51.9%，工业品上涨28.8%，非必需消费品上涨42.3%，必需消费品上涨19.8%，医疗卫生上涨14.9%，金融产品上涨24.8%，技术类行业上涨17.6%，电信行业上涨1.7%，公共事业上涨1.7%。

这些数字告诉大家一个简单的故事。股市就像是一个有着10个汽缸的发动机，每个汽缸在经济旅途中会根据需要随时上升或下降。经济处于上升期时，需要能源驱动经济发展，需要金融行业提供融资来购买商品或支持建设项目，而公共事业和电信公司都会从增加的经济活动中受益。

经济好的时候，人们有信心，因此会消费更多的必需品，花更多钱买计算机、手机和平板电脑等电子产品，他们也会买汽车、洗衣机等家用电器，铜等大宗商品的价格也会上涨。由于需求上升，工业产品的价格也会上涨，人们会去医疗卫生机构接受医疗服务。这听起来可能有点奇怪，但你问问你的牙医就知道了，经济会对他的生意造成影响。经济好的时候，人们更关心自己的牙齿，如果遇上经济不好的时候，人们可能更倾向于把牙拔掉而不是花钱做个牙冠。

人们花很大的时间和精力来计算股市的各种起承转合，或者计算经济的起落时间。如果你喜欢这样做的话，建议你多关注经济周期的峰值和谷底，那才是对股市中各行业影响最大的因素。在ISM数值变化的各个阶段，各行业的变动情况在70%~80%的时间里都是像前文提到的那样。当然也有例外情况，比如在次贷危机期间，技术行业原本是不被看好的，结果却备受推崇，这是因为像苹果和微软一类的电子技术公司的资产负债表非常干净，存有几百亿美元的现金。所以关键还是要抓住核心，剔除那些不可避免的意外因素，多关注风险。

ISM在50以下，也不一定是说经济进入了衰退。如果发生了经济衰退，全国经济研究局会对外宣布进入衰退。经济衰退的定义就是国内生产总值连续两个季度下降，但是全国经济研究局还有自己的定义方式和独特的把握时机的能力。

国内生产总值能够衡量一个经济体的整体经济产出。在美国，消费者支出主导着国内生产总值。在2004年，当美国的GDP达到11.7万亿美元的时候，消费者支出占到了GDP的70%，其他部分包括19%的政府支出和16%的资本支出（GDP为100%，剔除5%的净进口）。到2010年，美国GDP达到了14.9万亿美元。很多投资者认为GDP每年增长3%是合理的水平，但如果低于这一速度就不妙了。

1991—2010 年，美国 GDP 的年均增长率大约为 2.5%。

经济学家一般都是事后诸葛亮，很多投资者认为铜、高收益率债券和小市值股票是敏感的经济指数，这些指数可以更快地反映经济变化情况。

铜是一种工业金属，广泛使用于消费品、资本类商品和建筑工程之中。《巴伦周刊》的专栏作家和编辑兰德尔·福赛思（Randall Forsyth）说，铜是制造业的终极风向标。"这种红色的金属对商业趋势极度敏锐，被称作是铜博士，也就是说在经济学里，它被看作是拥有博士学位的一种商品。但这种说法可能还不能完全体现铜的重要意义，因为铜能够辨识出经济转折点，这比大多数经济学家都要强很多，他们一般只会剖析过去发生的事件，从来不考虑现在发生了什么，更没有能力预测未来趋势。"[①] 高收益率债券，顾名思义，就是向购买方支付较高收益，补偿他们借钱给企业存在的风险，这些企业一般都是资产负债情况较差的企业，比不上可口可乐、通用电气这些大企业资金稳健。如果投资者认为经济在恶化，那么高收益率债券往往会反映出这一担忧。为什么呢？小企业或者风投公司，一般都会发行高收益率债券。高收益率债券发行成本高，是因为企业需要支付投资者的利息要高于普通的债券，比如蓝筹股公司发行的债券。如果经济恶化，那么这些小公司就难以偿还债务。为什么？小公司一般固定成本高，金融资源少，难以度过经济危机。大的投资者都知道这一点，而且能够很快地调整高收益率债券的价格。从定义上说，发行高

[①] 资料来源：Randall Forsyth, "Up and Down Wall Street," *Barron's*, September 29, 2011.

收益率债券的企业或许缺乏传统的"安全边际"，很多聪明的投资者把安全边际看作是最重要的投资要素。如果经济恶化，企业将会需要偿还更多的债务，还将承担大量的金融杠杆和经营杠杆。经营杠杆是指企业的盈利状况将会发生很大变化，以航空公司为例，航空公司的固定成本很高，而且航班满载与载客率50%要花费同样的成本。

那些发行高收益率债券的企业常常采用了杠杆支持，所以他们对投资者来说是个有效的经济指数。罗素2000小型股指数基金也是这样，这个基金包括了2 000个小企业，很多对冲基金把罗素2000小型股指数基金看作是美国经济的代言。当美国经济成长时，他们买进基金，当经济收缩时，他们对赌指数基金下跌。

投资者还关注消费者支出，这是企业利润的一个关键指数，对股市也很重要，因为利润下滑常常意味着股价要下跌。但是消费者支出很难跟踪，它不像ISM数据可见度那么高，市场上各类投资战略师都热衷于讨论ISM数据。美国劳工部劳工数据局会对外发布消费者支出数据，但是这些数据不像ISM数据那么容易理解。美国联邦政府的经济学家把消费者支出称作是个人消费者支出，并把这个概念收录到专用词汇表中。

约瑟夫·埃利斯（Joseph H. Ellis）曾在高盛集团担任分析师，一直被评为华尔街的顶级零售业分析师。他认为，消费者支出是暗示股票市场即将上涨或下跌的重要指标。他写了《遥遥领先》（*Ahead of the Curve*）一书，书中说很多投资者和经济学家没有完全理解消费者支出和股市的关系。"换句话说，消费者支出在整体经济中占据主导地位，消费者在各个行业的支出周期性地决定了整体经济发展的方向。既然如此，认真监测整体消费者支出，或者是预测消费者需求的方向，有助于有效预测经济中各行各业的发展趋势。"①

由于消费者支出驱动着美国经济的成长，埃利斯把它看作一个威力巨大的指数。他非常关注真实的消费者支出情况。在经济学中，"真实"意味着将美元换算成影响通胀的一个个具体单位。约翰·保尔森在研究美国房地产价格是否曾经下跌时采用了相似的方法，当时他打赌房地产价格将要下跌。埃利斯认为消费者支出对预测股市和经济走向非常重要，他为此设计了一个网站，帮助投资者建立并维护各种图表，从而更好地跟踪消费者支出的变化情况。

| 行动 |

我们一直在讲季节性模式、技术分析、商业周期和各种指数，这些因素可能会预测市场的走向。这些指数对于那些爱好跟踪指数、熟悉数据模型的人非常有用，但是对于那些只想在正确的时间买入对的股票的普通人来说，这些指数可能有些过于复杂，也提供了过于多的信息。所以 ISM 数据和季节性变化就成了投资者的捷径，能够帮助他们掌握影响股票交易的重要周期。这些数据也都是重要的警示，那就是股市是受到了一些不可控因素影响的，这些因素可以将牛市变成熊市，反之亦然。

在使用 ISM 数据时，还要记住 3~5 年的投资和经济周期。如果你买了一只好股票，公司能够分红并且有好产品，那么可以持有 3~

---

① 资料来源：Joseph H. Ellis, *Ahead of the Curve*（Boston：Harvard Business School Press），22.

5年或者更长时间，要是你能根据市场和经济的实际情况对股票做出持续评估就更好了。这种分析能够帮助你避开股市的低谷，在困难重重的股市和经济发展中得到一丝安宁。

关键的一点是，这些指数和周期为股市提供了一个分析的背景。股市不是静止的，而是在不断变化的。运动和变化的原理，人们在非金融生活中经常能感受到，但是面对金融市场时就很难理解这个原理。他们希望股市，特别是他们持有的股票能够上涨，但是他们忘了，股票就像树一样，不能长进天空里去，股市更像大海里的波浪上下翻滚。

第八章

行为

大家都以为每次交易只包括两个方面——买方和卖方，其实这种理解不对。交易实际上包括三个方面：你，因你而买入或卖出的一方，以及交易中你的独特心理状态。

直到最近，资本市场的参与者和学者们谈起投资心理学还带着点嘲笑的意思。他们是通过数学模型等硬指标来认识股市，软科学在他们看起来似乎没什么价值。直到 2002 年，研究心理学的丹尼尔·卡尼曼成为第一个获得诺贝尔经济学奖的心理学家，这种情况才发生了变化。诺贝尔奖具有神奇的力量，能够帮助一种观点获得广泛认可，特别是对于那些商学院的教授而言，他们坚守传统，反对新的思想，而诺贝尔奖学者的名号可以赢取他们的支持。从那以后，关于情绪和心理将如何影响投资决策的研究，才逐渐成为金融研究的主流。很多金融行为学方面的先驱，包括卡尼曼，现在仍然在世。其他人还有特伦斯·奥登（Terrence Odean）、理查德·塞勒（Richard Thaler）和科林·卡默勒（Colin Camerer）等，未来他们当中可能还有人会获得诺贝尔奖。

分析股票也许比分析人类的大脑要容易一些。学习心理学家和行为经济学家提出的各种思想，就像是开启了一段没有尽头的旅行。但是在投资过程中，大家一定要认真研究概率，做出决策，采取行动，这个过程中一定会有一些重大的心理学陷阱，可能会在多数时候伤害很多投资者。

很多投资者自认为懂得很多，认为自己的经验能够使他们做出更好的决策。他们对自己的能力过于自信，却从来没有意识到这一点：他们总是快速思考，给人和事物戴上光环，只看见自己想要看见的，却对实际情况视而不见。他们根据某些特定的事实做出决策，或者认为刚刚发生的某件事预示了某种模式。行为经济学把这种情况称为"近期效应"。

心理学家将可能对合理思维造成负面影响的心理陷阱称作"偏见"，这些偏见在人们做复杂决策、面临不确定结果的时候经常出现，比如投资决策。

一个大脑，两种思维

2009年，卡尼曼在慕尼黑。他曾在2007年金融危机爆发初期参加了一场会议，当时和《黑天鹅》的作者塔勒布共同出席了一个圆桌会议，会议的主题是"反思金融危机"。他俩可真是奇怪的一对：塔勒布大谈各种修复世界经济的方案，非常激动，而卡尼曼则非常安静，他对塔勒布微笑，然后讲述思维在什么情况下奏效，什么情况下无效。[1]

---

[1] 资料来源：Reflection on A Crisis, DLD 2009. http://fora.tv/2009/01/27/Nassim_Taleb_and_Daniel_Kahneman_Reflection_on_a_Crisis.

卡尼曼认为，人的思维有两套体系。系统一是本能反应，系统二更具备推理和计算能力。有的时候，系统一做了本该由系统二做的决策，这个时候就会给投资者带来一些问题。为了具体说明这一点，他拿奖章作为一个例子：想象一个奖章的两面，一面向左，一面向右。这实际上是仿效著名的"雅努斯的硬币"的故事——古罗马神话中的雅努斯掌握着一切门户和开始。他说这个形象常常用于测试人们是如何看待模式的，即使有的时候模式根本就不存在。仅向人们展示一面的形象，让他们多次看这个形象，先是右边，然后是左边，就这样反复展示。当同时把两面展现给人们看时，他们或者是只看左面的形象，或者是只看右面的形象，因为人们认为他们首先看到的形象就是刚才只展示一面时的画面，而不是整体的画面。这个实验说明，人们很容易被诱导而看见那些可能根本就不存在的模式。卡尼曼博士还提到了他在加利福尼亚生活时发现的一种倾向。有时候几年时间都不下雨，如果连续3年没雨，人们就开始认为气候发生了变化。这里提到的硬币的实验、人们对于天气变化的观察，看起来距离市场很遥远，实际上不是。卡尼曼写了一本书，叫作《思考，快与慢》（*Thinking Fast and Slow*），介绍了思维的两套系统，阐述了人们是如何轻易地对新世界和新制度做出判断的。

卡尼曼说："人们只需要3年左右的时间来做出他们生活在新的世界中的判断。这从经济学的角度来看非常重要，在很短的时间内人们就会做出判断，认为当前的趋势会长期持续，或者可能认为这只是泡沫。但这应该是思维系统二的功能，通过研究分析得出结论，而不是系统一的本能反应，而现实是人们常常通过思维系统一做出判断。"①

卡尼曼没有具体说明3年现象会对投资造成什么影响，塔勒布曾就衍生品交易写过一本书，但他也没有具体讲这种3年现象对投资的影响。但是，5年是一个市场周期，也就是说在此期间市场将经历牛市的出生、死亡、重生三个阶段。前文中大坝公司收集的关于股票所有者模型的数据表明，人们持有股票的平均时间是3.27年，这比对一种新机制做出判断所需要的时间稍微长一点，而远远少于一个市场周期形成的时间。这就说明，很多股票投资者是靠直觉在进行投资，而非经过认真全面了解做出的投资决策。这也就解释了为什么这么多投资者一遇到股市下行就立刻惊慌失措。它表明，太多的人是依靠情绪和直觉来投资，没有进行足够的分析。换句话说，很多人似乎是用系统一的思维来买入股票，然后用系统二的思维来卖出股票。他们买进那些已经涨了一段时间的股票，认为股价将会继续上涨。因为，媒体和各种股市图表经常展现出积极的一面，炒作热门股票将会继续热门。但是，有经验的投资者常常会看各种不同的事实，他们可能会看他们通过持有热门股票已经赚了多少钱，然后决定是否应该适时卖出股票收割利润。当主要投资者撤离市场的时候，股票价格常常下降，这时候那些之前没做好分析研究的投资者才会选择开启第二套思维体系进行分析研判，毕竟赔钱是一个冰冷的、难以面对的事实。

---

[1] 资料来源：Reflection on A Crisis，DLD 2009. http：//fora.tv/2009/01/27/Nassim_Taleb_and_Daniel_Kahneman_Reflection_on_a_Crisis.

图表和模型

恐惧和贪婪的情绪往往比记忆来得更加猛烈,这也解释了为什么很多投资者好了伤疤忘了疼,经常忘记投资失误的痛苦。也许这是因为人们愿意相信系统和模型,认为这些东西比我们自身还有威力,能够引导人们在混乱的世界和金融市场中自由航行。

卡尼曼讲了这样一个故事。一次,一位匈牙利军官派遣一队士兵去阿尔卑斯山巡逻。队伍遭遇了暴风雪,三天过去了,军官想他们一定都牺牲在山上了。可第四天,队伍回到了大本营。军官就询问他们发生了什么。士兵们说,他们本已经放弃希望,以为要牺牲了,这时他们在一个士兵的衣兜里发现了一张地图,地图提振了大家的士气。他们按图索骥,先找到自己所在的位置,然后摸索着回到了大本营。军官要求看一眼地图,看到地图后,他大声说:"可这是比利牛斯山的地图,不是阿尔卑斯山啊!"

卡尼曼指出,这个故事说明人们需要一些东西来提高他们的幸福感,提高自信,提高继续前行的能力。这些东西可能是一个毫无用处的数字,甚至可能是另外一个完全不同的国家的山脉地图。很重要的一点是要坚持信心,特别是在投资过程中的某些时刻更要坚定信心。当然,有时候你可能会按照错误的地图做出错误的决策,并且赔光了所有的钱,那就另当别论了。

伊曼纽尔·德曼(Emanuel Derman)在金融模型方面是个专家,很少有人能超越他。他是世界上最著名的衍生品专家和交易者,曾经主管高盛公司的风险管理部,现在哥伦比亚大学教书,同时也是一家对冲基金的合伙人。他能够与那些不太擅长数学模型的人进行非常清楚的沟通，这一点在金融工程师当中很少见。德曼还写了一本关于人和模型的书《模型表现很糟糕：为什么混淆错觉与现实会很糟糕——论华尔街与实际生活》。德曼认为，一定要清醒地认识到，模型也是有缺陷的。

德曼说："金融世界令人非常困惑，人们通过各种模型来做出决定。我认为模型的最大作用就是把多维度的世界放在二维的角度来看。"①

华尔街上的银行和交易公司每年花数百万美元、上万个小时来研究开发复杂的交易模型，高盛公司甚至因为交易员将信息代码带到了其他的公司而起诉他，这说明模型对华尔街是多么重要。但是，即使是这些对华尔街极端重要的模型，也不是那么可以信赖的，也许要在人的严密监控下工作。树点资本管理公司（Treepoint Capital Management）是一家全球性的对冲基金，其工作人员帕特·尼尔（Pat Neal）说，即使最好的模型也可能出现失误，所以必须严密监控模型的运作，找出模型出现失误的原因。②

但是，通常情况下，人们很难认识到模型在帮助我们了解金融市场方面的作用是有限的，特别是对于那些没有能力创建模型的人来说更是如此。个人投资者大多将金融市场看作一个由指数来解释的单一的庞大组织，即使是那些比较了解模型的人也常常将大量的精力花费在构建模型上，因为他们的薪酬和这方面的工作紧密相关。2007年次贷危机发生后，有人要求金融衍生品交易员审核固

---

① 来自发给作者的电子邮件。
② 来自与作者的对话。

定收益抵押交易员使用的模型，审核他们是如何将次级抵押品证券化然后打包卖给其他投资者的。其中一个衍生品交易员发现，有些变量，例如利率或是债务违约率实际上使用的是固定利率，这是一个严重的错误，因为利率一旦变化，有些人就会选择停止偿付债务然后形成违约。

在金融方面，德曼说金融模型是将多维问题转化成一维的问题来看。通过在债券中使用到期收益率模型，很多相似的债券可以相互比较价值，如果将它们的收益率用收益率曲线来表示的话，没有一个债券的收益率曲线是完全一样的。布莱克－斯科尔斯期权定价模型（Black－Scholes model）使用已知股票价格和债券价格来为混合型证券定价，这就是为期权定价。德曼说，布莱克－斯科尔斯期权定价过程就像是通过色拉盘中每种水果的价格来推算整盘色拉的价格。

很多人永远不会构建金融模型，但是他们会使用一些著名的指数来做出决定，例如道琼斯工业指数或是芝加哥期权交易波动率指数。模型的问题在于它们是用来推算未来的，而市场永远都比人更聪明。

德曼指出："金融模型最大的风险就是盲目崇拜，这是长期存在的问题。金融市场是实时变化的，而模型不过是人为设计的一个公式，效果是有限的。模型做得再好，我们也不可能赋予它生命，不管我们多么努力也不可能做到。把模型和现实世界相混淆，就是将人类的决策权交给僵化的数学公式，其结果必将是一场灾难。"[1]

---

[1] 资料来源：Emanuel Derman, "Global Financial Crisis," *Financial Analysts Journal*, 2009.

要用你的大脑思考金钱

科学证实视觉感受会对投资决策造成很大的影响。为人父母者都会担心孩子看电视太多或是总打电子游戏会损害他们的大脑,事实上,投资者也面临相似的问题。风险决策,例如买股票等,可能会被一些视觉感受所操纵,视觉感受可以激发大脑的一个区域,叫作伏隔核。伏隔核是大脑奖励线路的组成部分,常常因毒品、酒精和性刺激而活跃,科学家常用其研究上瘾的原理,现在它也是研究投资的一个重要新兴领域。

斯坦福大学的心理学家布赖恩·克努森(Brian Knutson)在研究人类情绪的控制机制时首先碰到了这个问题。他需要找到一种东西,能使所有人在实验中做出同样的反应。他先是用食物,再用色情资料,但是大家的反应都不一样。克努森最后发现,"有钱能使鬼推磨",面对金钱,所有人的反应都一样,因为大家都想要钱。[1]

克努森在位于美国加利福尼亚州帕罗奥图市的实验室里,用磁共振成像仪器扫描了人的大脑。这个仪器能够扫描出血液的流动状况,从而让研究者获得关于大脑的解剖图像和功能情况。自1992年发明磁共振成像仪以来,即网上经济行业形成两年以来,磁共振成像仪被用于呈现人体中隐藏的部分。了解了大脑的内部构造之后,克努森发现金钱能够刺激大脑的奖励线路的原始反应。通过使用提示卡,克努森发现他能够促使人们去做冒险的金融决策。克努森向实验对象展示三种提示卡,卡片包含圆形、三角形和方形图案。就像1890年科学

---

[1] 来自与作者的对话以及各种研究报告。

家巴甫洛夫通过摇铃铛刺激狗分泌唾液，使小狗每次听到铃声就以为要发食物了一样，克努森的提示卡也是提示人们接下来可能会发生的事情。当他想让人们赌一把的时候，他就展示一些色情的图片；当他想鼓励人们厌恶风险的时候，他就会展示蛇和蜘蛛一类的图片；洗衣机一类的家用电器的图片则属于中性的提示卡。每当展示完一张卡片后，克努森会稍微等待一会儿，让实验对象的预期升高，然后他请实验对象做选择：对一件可能出现任意结果的事情下赌注，例如对投掷硬币出现的正反面下赌注，赌 1 美元或是 10 美分，这样他们有 50% 的可能成功，50% 的可能失败。如果他们赌赢了，他们就能留下赚到的钱，如果赌输了，亏损的钱要从他们 20 美元的时薪中扣除，这样可以促使试验对象更加关心赌博的结果。等到研究进入尾声时，克努森说他已经能够在实验对象发言前就判断出他们将要做出的决定。[1]

克努森提出的关于如何做出金融决策的论述，极大地振奋了银行宣传部门和销售部门的士气，因为他们的使命就是吸引新客户，促使投资者进行认真思考和重新评估。克努森的研究表明，普通人不能遵守好的投资者准则的原因之一，是他们常常因为视觉的刺激做出决策。我们在前文中也讲过，好的投资者原则就是成熟的投资者总想着如何不亏钱，而不成熟的投资者总想着如何赚钱。人人都觉得自己是根据冷酷的现实做出了精细的、明智的金融决策，广泛参考了股票交易图表、新闻事件、企业盈利报告和股票分析师研究报告等各种材料。但是那些报告，即使它们真的反映了事实，也都是含有一定的偏

---

[1] 资料来源：Camelia M. Kuhnen and Brian Knutson, "The Neural Basis of Financial Risk Taking," *Neuron*, 47 (2005): 763–770. DOI 10.1016/j.neuron.2005.08.008

见的。投资者一开始就受到媒体报告、关于企业股价涨跌的价格图表等材料的暗示，变得乐观或悲观，这些情绪推动投资者做出买入或是卖出的重要决策。活跃的伏隔核分散了投资者的注意力，甚至导致投资者做出错误的决定。神经学专家和一些大型的医药企业非常了解这些事实。

| 难以控制的赌徒 |

帕金森是一种能使中央神经系统功能紊乱、退化的疾病，治疗帕金森的药物可能会使患者成为难以控制的赌徒或是性成瘾者。这种药物向伏隔核注入大量多巴胺———一种可以帮助中央神经系统发挥功能的神经递质类药物，过多的多巴胺有时会使人产生不可控制的赌博或是做爱的冲动。2005年，生产治疗帕金森药物的德国勃林格殷格翰制药公司把不可控制的赌博冲动列为药物潜在的副作用之一。

克努森对人类的情绪感兴趣，对金融不感兴趣，但是迄今为止他已经从美国金融业监管局下属的投资者教育基金会获得了超过40万美元的资助。美国金融业监管局负责监管华尔街的大多数活动，自从2007年金融危机以来，这个机构越来越希望了解人们是如何进行金融决策的，因为他们的很多决策都会带来意想不到的结果。

| 伯尔赫斯·弗雷德里克·斯金纳来到了华尔街 |

认为简单的暗示就能引导人们赌博，在不了解一件事物的前提下承担金融风险的观点，在金融世界是非常有威力的。股市，特别是常常在电视新闻媒体中出现的股市，与赌场非常类似。克努森说："如果你去赌场，里面的服务人员都衣着暴露，分发免费的酒水，到处挂着铃铛和彩灯等装饰品，这些东西看起来和赌博没什么联系，但它们就是暗示，可能会激活大脑中的某个区域，鼓励人们冒险赌博。"①

拉斯维加斯式的暗示越来越多地用于投资。股票市场，在主流媒体的宣传下，看起来就像是个准赌场。电视播音室里，穿着艳丽的女士和潇洒的男士在闪光灯的映射下侃侃而谈，自信地讨论股市的情况。在股市中大赚的人将受到人们的称赞，有时候还会上电视谈论他们的成功经验，并提出他们的建议。最重要的暗示就是股价上涨。上涨的股价是一股不可抵达的诱惑力，在各种庆祝声的嘈杂环境中，我相信如果《圣经》中的人物拉撒路能够复活的话，他一定会第一时间冲向股市。

上涨的股价吸引着人们，人们就像行为心理学家伯尔赫斯·弗雷德里克·斯金纳（B. F. Skinner）实验中的小老鼠一样做出各种举动。在他的著名实验中，斯金纳把老鼠放进一个笼子，然后他把食物扔进笼子，食物咣当一声掉进金属碗里，这个声音会使老鼠迅速地跑向碗。这和那些投资者有什么不同呢？投资者不也是听到某人在金融节目中谈到股票，然后就立刻跑去购买股票吗？斯金纳后来又做了一些调整，使小老鼠重复某些行为从而获得奖励。很快，他总结出了赌博的重要机制。为什么人们愿意花好多个小时站在老虎机前，一遍又一遍地转动机器的拉杆？斯金纳说，这就是因为"可变比率"促使人相信他们能够成功。

---

① 来自与作者的对话。

斯金纳指出："赌博器材和系统能够安排偶发的、不可预测的中奖结果。所需的反应时间可以很容易地被拉长，在一家赌博公司，比如赌场里，平均的比率必须是赌博者从长期来看是输的多，这样赌场才能够盈利。"[①] 他所描述的赌博者的命运看起来与投资者很相似。

罪恶之城和华尔街之间的相似度已经深深地刻入了市场文化。

股市里一直有这么个笑话。问："拉斯维加斯和华尔街有啥区别？"

答："在拉斯维加斯，失败者能喝到免费饮料。"

| 赌场文化 |

股市的赌场文化在20世纪90年代盛行起来，当时技术将华尔街推介给整个美国，使家家户户的电脑屏幕都成了股票交易监视器，每个人都可以毫不费力地交易股票和共同基金，就像是在拉斯维加斯的老虎机前转动游戏机手柄一样。不需要进行什么特殊的培训，只要投资几千美元就行，那个打电话要求股票经纪人帮助买股票的时代已经一去不复返了。

公开讨论赌博和投资的相似性使很多华尔街管理层感到忧心。很多交易所管理层，包括交易战略师，反对记者在文章中使用"打赌"这个词来描述某项特定交易、一项战略后面的动机或是市场的某个领域。"打赌"这个词在英文中可以表示对某件事情结果的预判，但

---

① 资料来源：B. F. Skinner, *A Brief Survey of Operant Behavior* (B. F. Skinner Foundation), www.bfskinner.org/BFSkinner/SurveyOperantBehavior.html.

"打赌"在华尔街被当作一个肮脏的词汇。华尔街更爱使用"投资"一词,因为这个词的来历听起来更加受人尊重。"投资"(invest)一词大约是在1387年进入英语中的,从拉丁语中借用而来,过去是用来表示赋予国王的权力和权威。[1] 而"打赌"(bet)一词是在1590年前后进入英语中的,来自犯罪分子的行话。这个词最初来源于德语,现在意味着冒风险取得某个不可知的结果,但人们普遍认为,这个词来自单词"煽动",即协助和教唆罪犯。[2]

但是不管从哪个方面看,金融媒体所展示的股市的日常形象都是赌博而非投资。全天的所有时间段里,股价都会在电视屏幕的最底端实时显示。股票价格正在上升,股票价格正在下降,主持人和嘉宾都很激动。从计算机到电视再到手机,全球媒体网络都在广泛传播股价的新闻。印刷媒体和网络媒体常常会加大这些信息的暗示性,像报道足球赛事一样报道股票市场,让投资者很容易沉浸在股市的大势当中。在一些重要的银行里,电视频道永远锁定在美国全国广播公司的财经频道。很多主要的交易所把电视高悬在梁柱上,确保所有人都能看到。一些投资银行的交易员已经调整了交易监视器,这样他们就能通过电脑屏幕观看全国广播公司财经频道的节目了。电视节目的声音常常被关掉,但是播出的消息标题和图片仍然在电视上不断变化。

迄今为止,还没有任何一个学术研究人员研究电视财经新闻在推动股市涨跌方面发挥的作用,但是已经有人提出电视财经新闻可能误导了很多不太了解金融市场的人,甚至还误导了一些懂金融市场的人。

---

[1] 来自网络搜索引擎。
[2] 来自网络搜索引擎。

著名的基金经理约翰·胡斯曼（John P. Hussman）曾说："在20世纪90年代末出现经济泡沫的时候，我发现全国广播公司财经频道介绍的情况和我在1929年经济大崩溃前看到的新闻档案中的表述非常相似。当时我发现了一件怪事，就是那些本该更加了解资本市场的投资专家竟然完全支持媒体做出的各种评估，而那些评估与当时的预期现金流根本不相符，即使我们假定经济活动、盈利状况和分红将会取得并维持历史上最高的经济增长率，也不可能出现媒体宣传的情况。"[1]

指责全国广播公司很容易，但是有线电视还是取得了成功，而且最容易失去观众或读者的方式就是深挖推动投资和交易的具体细节。一个基本的问题是：投资者更希望主流金融媒体关注市场所产生出的利润，而不是产生利润过程中可能出现的风险。一个好的投资者，一个不屈不挠的投资者会努力前行，关注过程，因而很少亏损；而一个糟糕的投资者总是追逐利润，就像斯金纳实验中的老鼠一样。

胡斯曼还说：

> 要分析一家企业或者市场，你必须认真思考投资者能够获得的长期现金流，以及现金流经过折现后可能到达什么样的合理价位。然而，现在人们唯一关注的问题就是利润和资产情况报告是否能够带来"惊喜"，以及华尔街在数据公布前对于公司情况的预判。公司收益的质量、利润边际的周期性、期权和股票赠与的稀释效应、股价反映出的总回报、留存收益的回报率、进入成

---

[1] 资料来源：John P. Hussman, "When the Rubber Hits the Road," *Weekly Market Comment*, March 8, 2010. http://hussman.net/wmc/wmc100308.htm.

本、竞争结构、市场饱和度、新投资的结构性增长等这些长期因素是非常重要的，但是投资者每天看半个小时的财经频道的节目就像是在看电影《戈默·派尔》（Gomer Pyle）的片段，他们看到的是市场不断地出现"惊喜、惊喜、惊喜"！①

当然，让人们关心金融信息的内涵并不容易。即使是全国广播公司财经频道的著名主持人吉姆·克拉默也承认："我是在做一个关于财经方面的娱乐节目，这样才能吸引更多的观众收看。"②

你的私人股票市场

美国财政部前部长、哈佛大学前校长拉里·萨默斯（Larry Summers）认为，技术会误导投资者。他说："这就像建设高速公路，路一旦修好了，人们就想把车开快点。实际上很多人会在新建成的高速路上发生交通事故而死亡，因为他们错误地判断了应该开多快，最后往往因超速而发生事故。"③

从历史上看，技术和低利率并存，往往会引发大型的金融危机。因为几乎所有人都能借到钱，而且人们有能力创造"市场白痴"。华尔街的代表、对冲基金欧米茄顾问公司（Omega Advisors）总裁利昂·

---

① 资料来源：John P. Hussman, "When the Rubber Hits the Road," *Weekly Market Comment*, March 8, 2010. http://hussman.net/wmc/wmc100308.htm.
② 资料来源：*The Daily Show with John Stewart*, interview, part 3, March 12, 2009.
③ 资料来源：Thomas Friedman, *The Lexus and The Olive Tree* (New York: Farrar, Straus & Giroux, 1999), 104.

库珀曼（Leon Cooperman）非常了解那些"市场白痴"将会碰到什么情况。他说：

> 在过去的5年里，那些通常选择存钱或购买国债以确保收入万无一失的人，转而购买债券。那些通常购买低风险债券、追求稍高回报的人，转而购买新兴市场国家的债券，例如俄罗斯和巴西等国的债券。那些通常选择购买新兴市场国家债券的人，选择购买新兴市场国家的股票。下一步将会发生的现象是：一些承担更高风险的人可能会损失掉很多钱，然后他们会从风险阶梯上往下撤。①

如果历史能够有效地指导未来的话，撤下风险阶梯只是暂时的行为，没有人想要错过赚钱或是拿回损失的机会。另外，就像股票和期权市场交易员经常说的一句话，失败者总是会再次回到拉斯维加斯。

| 经常出错，但从不怀疑 |

过于自信的投资者常常会出问题，他们只关注某个他们认为重要的事实，不做全面调研。这也是信息过量的一个副产品，因为存在的信息太多，人们常常关注简单的事实。人们可能会忽视一些负面消息，或是与公开宣示的立场不一致的一些正面的信息。这种观点的僵化是非常危险的，也是无效投资的重要标志。有些人认为坚持立场非

---

① 资料来源：Thomas Friedman, *The Lexus and The Olive Tree* (New York: Farrar, Straus & Giroux, 1999), 106.

常重要，但是市场不是静止的，它在不断变化。想一想历史上的哈布斯堡王朝吧。哈布斯堡王朝于1400—1806年长期统治神圣罗马帝国。美国前国务卿亨利·基辛格曾说，哈布斯堡的敌人们正是看中了王室不懂得新兴的潮流，或者说不懂得掌握权力的必需技能。基辛格说："哈布斯堡王朝的统治者都是非常坚持原则的人，除了战败后被迫屈服，否则他们是从不会放弃自己的信仰的。"[1]

吸收金融信息可不像许多人想象的那么简单。大概就是因为不容易，所以很多投资者经常犯错，但是从不怀疑，这就是股市最让人困惑的一个方面。为什么很多人重复犯同样的错误，却从来不能从过往的经历中吸取教训呢？

1977年，巴鲁克·菲施霍夫（Baruch Fischhoff）、保罗·斯洛维科（Paul Slovic）、萨拉·利希滕施泰因（Sarah Lichtenstein）三位学者进行了一项关于信心的重要研究，撰写了《了解真相：极度自信的合理性》一文，文中具体回答了一个简单的问题：当人们确信他们正确的时候，有多少次他们是错的？

最后发现，错的时候比对的时候多。当人们最自信的时候，准确率是50%；当决策的准确性超过80%的时候，人们反倒不那么自信了。

| 记忆的错觉 |

记忆会扭曲自信。人们把记忆当成实际经历的一次精确复制，然而，心理学家指出，记忆是由很多信息碎片整合起来的，就像是古生

---

[1] 资料来源：Henry Kissinger, *Diplomacy* (New York: Simon & Schuster, 1994), 60.

物专家通过恐龙化石来解密恐龙的样子一样。①

如果人们不了解记忆和观念的重构本质,不能够区分明确肯定和推理结果的话,他们就不能够客观地评估那些推理得出的结论。总的来说,任何一个未知的可能失真的记忆片段都可能阻止人们进行合理的质疑,从而变得过度自信。②

记忆肯定会受到新闻媒体的影响。在一次试验中,学者要求人们判断在美国最常见的死因是什么。致命的事件包括天花、梅毒、心脏病、癌症、车祸、火灾和所有其他的厄运。他们发现,很多人选择那些大型的、媒体广泛报道的事件,而低估了那些安静的致命因素。③学术研究准确地证实了那些认为自己了解投资的人往往最容易失败,他们常常落入骗局,因为他们高估了自己对市场的了解。

美国全国证券交易商协会投资者教育基金会在2006年做的一项研究表明,投资欺诈的受害者大多是那些依靠自己的经验和学识做出金融决策的人。研究指出,自我依赖会导致与他人隔离,使他们只顾自己埋头做决策,而不去适时征求他人的意见。

2009年,英国消费者保护机构公平交易办公室曾经就欺骗心理做过研究,发现人们越是了解一件事情,就越是容易上当受骗,因为他们觉得在这个领域能力很强,所以常常过高估计自己的决策能力。④

---

① 资料来源:Baruch Fischoff, Paul Slovic, and Sarah Lichtenstein, "Knowing with Certainty: The Appropriateness of Extreme Confidence," *Journal of Experimental Psychology: Human Perception and Performance* 3 (1977): 563.
② 同上。
③ 同上。
④ 资料来源:Office of Fair Trade, "The Psychology of Scams: Provoking and committing errors of judgement," May 2009, prepared by the University of Exeter School of Psychology.

因为相信自己的能力，所以他们常常能找到信息来证实自己的观点。科学上称这种现象是"验证信息搜索"，这种情况会导致人们过高估计支撑他们观点的信息的质量。验证自己观点的最好媒介就是互联网了，这大概是因为人们可以很容易地从网上找到有关信息，并把它作为自己的知识储备。

英国的这项骗局实验发现：

> 其结果是，人们很可能会陷入某个他们更了解的领域的骗局之中。他们太相信自己了，在一开始就会选择这个领域，刚好是投骗局所好，但是忽略了各种不一致的信息或是警告，这些信息本可以帮助他们识破骗子的本意。[1]

欺诈中常用的伎俩是：宣称自己是合法企业，将会拥有巨大的财富，并且举例说明有哪些人已经投资了这家企业。到了这个时候，大多数人都会对自己说，他们永远不会落入陷阱。让我们拭目以待吧，有些陷阱是非常难以分辨的，它们拥有合法企业所必需的所有特点。

麦道夫时代的避风港

2011年4月，美国证券交易委员会调查了一起在佛罗里达州出现的庞氏骗局，欺诈对象包括100多名投资者。[2] 很多受骗的人都是

---

[1] 资料来源：United States District Court, Middle District of Florida, Securities and Exchange Commission, Plaintiff, v. James Davis Risher and Daniel Joseph Sebastian, April 29, 2011.

[2] 同上。

佛罗里达州的教师或退休人员。这个骗局最重要的事实不是这只基金告诉投资者企业每年的投资回报率为14%~124%，而是骗局发生期间，美国和国际新闻媒体都一直在报道伯纳德·麦道夫（Bernard Madoff）的庞氏骗局，特别是在佛罗里达州，因为麦道夫曾在这里欺骗了很多人。

证券交易委员会指控詹姆斯·戴维斯·里舍（James Davis Risher）利用避风港私人股权基金、管理资本基金和保本基金进行庞氏骗局式欺诈。这些基金的名字对于经历过1929年股市大崩溃以来最严重的金融危机的人们非常有吸引力，他们很想保护好自己的钱。里舍分发了很多材料，把自己塑造成一个在股票交易、财富和资产管理方面经验非常丰富的人。

美国证券交易委员会在2011年8月的媒体发布会中称："实际上，里舍根本没有什么金融业的从业经历，他有相当长的犯罪记录，曾经在过去的21年里有11年在监狱中度过，而不是像他自己所说的在一个零售中介公司工作。"

但是里舍懂得如何对待顾客。他举办了高尔夫巡回赛和其他的吸引投资者的推广活动。2010年3月在奥兰多旅游胜地举办的一次活动上，参与者听到了一个非常有吸引力的演讲。他们听到演讲人说，投资基金将会改变他们的命运。

美国证券交易委员会向佛罗里达州中区法院提交的文件显示，里舍的发言人告诉他的听众：

只要投资这只基金，你们会立刻大赚一笔，你们这辈子可能都没赚过这么多钱。而且你们一下子就赚够钱了，就不用工作了。投资避风港公司,你们今天就可以退休了,此时此刻就可以退休了。我还要告诉你们,你们再也不用为生计而奔波了。①

证券交易委员会在调查后指出,里舍曾告诉投资者,他的工作就是使基金成为"市场中性"资产,这样不论市场是上涨或是下跌,投资者都能赚到钱。很多复杂的对冲基金能够做到这一点。证券交易委员会说,相关言论都有录音,投资者的证言中也证实了这些内容,分发给现有投资者和潜在投资者的材料中也有相关内容。

这听起来太有吸引力了!当时股市还处于美国历史上最严重的金融危机中。在电话会谈和几次投资者见面会上,投资者都被告知他们永远不会损失本金。几个投资者甚至拿到了一家叫作"避风港公司"的书面保证书,保证书上说明存入基金的所有资金"受到担保,如有任何损失,避风港公司将全额赔付"。根据这份担保书,基金给所有的投资交易都设定了止损条款,基金必须一直保持一定量的现金储备。所有这些说法都是合理的,而且合法企业也常会这样做。

所有分发给投资者的声明和材料看起来都非常真实,账本上说明公司的季度回报率高达2.28%~5.64%。证券交易委员会调查发现,公司的一个员工将里舍提供的数据录入计算机软件程序,生成了财务报表。调查还发现,季度报表包括账户信息和回报率,却没有任何具体的交易信息,没有列出账户持有的证券信息,而且从来没有任何损失。

---

① 资料来源:United States District Court, Middle District of Florida, Securities and Exchange Commission, Plaintiff, v. James Davis Risher and Daniel Joseph Sebastian, April 29, 2011.

| 幻觉 |

很多人以为他们了解一些事情，但实际上他们并不真正了解这些事。行为学家把这种现象称为"事后聪明偏差"。当向人们展示一些新的信息的时候，人们认为他们早就知道了。2008年对伦敦和法兰克福的银行家做的一项研究表明，这种情况会使人们，即便是专家，误判资产回报率，从而导致糟糕的交易和产品表现，甚至会低估波动性，降低整体投资战略的有效性。[1]

事后聪明偏差再加上过度自信是非常严重的问题，尤其是对于那些受过良好教育的成功的专业人士来说。布鲁诺·比艾（Bruno Biais）和马丁·韦伯（Martin Weber）决定对伦敦和法兰克福的85名银行员工进行测试，看看他们是如何受到事后聪明偏差的影响的。他们发现这些银行员工中，事后聪明偏差越小的人赚的钱越多。这更印证了他们的观点：事后聪明偏差具有影响人们的行为，阻止人们理性处理信息和学习过去经验的特性。

来自图卢兹大学的比艾和来自曼海姆大学的韦伯，在研究报告中就事后聪明偏差这样写道：

> 在金融市场，遇到怪事却不感到吃惊、难以从历史中学到教训或是拒绝假设，都可能对投资造成破坏性的影响。拥有事后聪明偏差的交易员很难意识到他们对市场的看法是错

---

[1] 资料来源：Bruno Biais, Toulouse University, and Martin Weber, Mannheim University, "Hindsight Bias, Risk Perception and Investment Performance," June 2008.

误的，因此也就不能在最佳时刻止损。事后聪明偏差将影响投资者准确吸收信息的能力，比如通过盈利状况的报告或是宏观经济新闻了解到一些市场动向。这将影响他们选择合理的产品组合。①

他们在采访银行员工时发现，那些事后聪明偏差最小的人往往利润最高，偏差居中的人获得的利润也居中，而那些偏差最高的人获得的利润最少。

研究人员总结说："表现出这种偏差的人总是记不住他们在看到结果和答案之前曾经是多么的无知。我们的研究表明，这种心态会影响学习态度，特别是让交易人员低估市场的波动性。这就导致他们选择了一些不适合的产品，交易亏损，风险管理不力。"②

一个奇怪的现象是，那些存有偏差和过分自信的人常常自认为他们没有任何偏差。事实上，就是因为他们太确信这一点了才会产生偏差。惠特尼·蒂尔森（Whitney Tilson）是一个对冲基金经理，他发现在我们生活的方方面面都存在过度自信的情况：

- 19%的人认为他们属于美国家庭中最富有的1%。
- 82%的人说他们属于最安全的30%的司机。
- 80%的学生预期他们将会以班级前50%的成绩毕业。

---

① 资料来源：Bruno Biais, Toulouse University, and Martin Weber, Mannheim University, "Hindsight Bias, Risk Perception and Investment Performance," June 2008.
② 同上。

- 当要求人们在98%的可能性下做出预测时，他们的预测结果实际上只有在60%~70%的情况下是正确的。
- 68%的民事律师认为他们会赢得诉讼。
- 医生总是过高地估计他们诊断某些疾病的能力。
- 81%的新企业主认为他们至少有70%的成功机会，但是只有39%的企业主认为其他拥有类似企业的人可能会成功。
- 让毕业生在三种不同情境下预测他们完成毕业论文的时间，分别是最佳情景、正常情景、最差情景。平均的预测时间分别为27.4天、33.9天和48.6天，而实际上平均时间为55.5天。
- 在一次会议上，参会的基金经理、分析师和企业高管被问到他们本人退休时能赚多少钱以及会议室里的人平均能赚多少钱。两个数字的平均值分别为500万美元和260万美元。提出这个问题的教授说，不论对方是谁，这个比率一直都是2∶1左右。①

当投资者过度自信的时候会发生什么？蒂尔森说，他们将会做出超出自己能力的决策，过度使用杠杆。在次贷危机中，全世界的投资者都买入了他们不了解的抵押衍生品，用的不全是他们自己的钱，使用了大量的杠杆借款，这就是一个完美的例子，告诉人们过度自信是如何打败了所有的人。

---

① 资料来源：Whitney Tilson, "Applying Behavioral Finance to Value Investing," T2 Partners LLC, November 2005.

维克多的教训

著名的法国作家巴尔扎克曾经说过：人们总是更多地关注小说家而不是他的作品。华尔街最成功的投资者也是这样。维克多·尼德霍夫（Victor Niederhoffer）是一个例外。他的经历像是现代的希腊悲剧，不幸地验证了市场是如何对待过于自信的人的。维克多的父亲是个普通的纽约警察，维克多凭借奖学金进入哈佛大学求学，然后获得学士学位，后来又获得了芝加哥大学的金融博士学位。他还是一个有名的壁球选手，很爱收集艺术品，房间里有1.5万本书。据说他还有买卖袜子的爱好。

他曾经是对冲基金大亨乔治·索罗斯（George Soros）的合伙人。他也曾在不同的时期被看作全世界最棒的交易员之一。但是，他因使用大笔资金交易泰国股票和美国期权而失败。1997年，他的基金崩盘，因为他对泰国股票和一些期权做出了错误的判断。2007年，在全球最严重的金融危机期间，他再次回到了火山口，再一次证明了聪明才智加上错误的时机是一剂致命的毒药。

维克多说："遗憾的是，多年来我在某个领域一直非常的成功，所以我开始相信我注定是个成功人士。我开始相信，因为我的方法在这个我熟悉了解的市场取得了成功，那么它在另外一个市场也能取得成功。"维克多现在还管理着一些资金，而且写博客，名字是"每日观察"，用来分享他深邃的思想。[1]

---

[1] 资料来源：Kathleen Schulz Slate, "Hoodoos, Hedge Funds, and Alibis: Victor Niederhoffer on Being Wrong," Slate, June 21, 2010. www.slate.com/blogs/thewrongstuff/2010/06/21/hoodoos_hedge_funds_and_alibis_victor_niederhoffer_on_being_wrong.html.

一个过于自信的小故事

如果投资者经常决策失误,但是又从不怀疑自己的能力,那么一个必然的问题就是:有什么办法能够绕过这个程序?一些简单的技巧可能会有所帮助。

2007年,就在雷曼兄弟投资银行破产的前几年,迪克·富尔德是全球金融市场最有影响力、最受尊敬的人之一。他掌管着美国第四大投资银行,这家投行主要是他自己构建起来的。他是美国纽约联邦储备委员会的成员之一,实际上是联邦政府的眼睛和华尔街的耳朵。他能够接触到所有人和任何事情。但是,当被问到是什么使他夜不能寐的时候,他非常谦虚地回答:"那些我不知道的事情使我夜不能寐。"[1]

桑迪·弗鲁切尔(Sandy Frucher)是纳斯达克集团副总裁,负责管理纳斯达克股票市场,是华尔街最精明的高管之一。他对聪明有着最为简单的定义。他认为聪明就是一个人必须明白他在哪些领域比较无知。[2]

具有自知之明是最佳投资者的必备要素之一。好的投资者都是具有高度怀疑精神的,他们从不相信道听途说的消息,至少要对读到的新闻进行一次复核。还记得前文我们说到黑石集团的苏世民在失误后做了什么吗?他立刻着手去查是什么原因导致了错误,避免今后再犯同样的错误。

---

[1] 来自与作者的对话。
[2] 来自与作者的对话。

次贷危机中最有名的事例就是约翰·保尔森决定自己亲自去研究美国房价,看看房价是否像很多人说的那样从来没有下降过。当然,现在咱们都知道这个研究的结果了。

蒂尔森总结了一个战胜过度自信的工具清单。[①] 他会问自己:

- 这件事是在我的能力范围之内吗?
- 这是个好企业吗?
- 我热爱管理吗?
- 股票真的非常便宜吗?
- 我是不是太贪婪了?

蒂尔森要找出相反的实例来驳斥上述问题,而不是佐证他的假设。有时,他会请别人来提出相反的观点,或者请悲观的分析师提交一份研究报告。

放缓速度是另外一个技巧。过度自信的一个副产品就是冲动决策,心理学家把这称作快速思考。由于大多数人是通过实时新闻媒体了解股票信息,如全国广播公司财经频道、博客和新闻网站等,而不是经过交易模式和公式计算,因此总是感到有种决策的冲动,感觉一定要立刻做出决定,否则就会错失时机。而市场上所谓的"稀缺"感进一步刺激了这种决策冲动,人们认为要是不赶快行动某种产品就会销售一空或是价格就会发生变化。研究表明,稀缺性是促使人们立刻购买的一种策略。

[①] 资料来源:Tilson,"Applying Behavioral Finance to Value Investing."

快速思考和"近期效应"有关。

摩根大通资产管理部门的研究表明,当做出投资决策时,人们常常过高估计了近期股票的利润状况,这既能够影响单只股票的价格,也能够影响整个股票市场的走势。

所有这些力量结合在一起,导致情绪而非思维开始做出决策。思维应该起到一辆车的刹车那样的效果,应该能够减缓整个过程,但是相反,思维起到了加速的作用,就像一辆车以每小时80千米的速度冲下高速公路。投资者只是听到了部分观点或是事实的片段,就把这些不充分的信息都归拢到一起,然后就形成了投资决策的公式或是模型,有时候甚至不用通过任何公式或模型就能做出决策。

当卡尼曼在慕尼黑发言时,他说个人和社会的时间标尺之间并不匹配。他说普通人都是以现实为中心的,他们只关心现在怎么样。就像俗语说的:及时行乐,抓住今天,因为时间转瞬即逝。但是,这条原则并不适用于讨论金融和风险。

卡尼曼说,由于人们非常关注当下的情况,他们的期望系统每经过一小段时间就会自动获得安全感。这种趋势很容易带来更多其他的金融难题。现在人们的寿命更长了,却没有为退休后的生活攒够钱。经济学家估算,对于那些再有15年就要退休的人来说,要想在退休后仍维持现在的生活水平,他们只攒够了所需资金的2/3。[1]

纽约大学商学院教授哈尔·赫什菲尔德(Hal Hershfield)指出,

---

[1] 资料来源:B. D. Bernheim, L. Forni, J. Gokhale, and L. J. Kotlikoff, "How Much Should Americans Be Saving for Retirement?" *American Economic Review*, 90, no. 2 (2000): 288-292.

如果人们不能把他们现在的储蓄和未来 50 年后的情况联系起来看的话，储蓄率也许会受到影响。研究表明，人们通常更关注现在而非未来，心理学家把这种情况称作"时间贴现"。而储蓄要求人们为了明天放弃今天的一些需求，这属于一种"跨期选择"。①

赫什菲尔德开发了一个软件程序，能够显示出人们在未来可能成为什么样的人。他正在和全球著名的金融公司安联集团（Allianz）合作，准备推出他的新软件。通过对大学生进行测试，赫什菲尔德发现当人们看到他们年老时的样子时，他们的储蓄率可能会翻一倍。

赫什菲尔德说："我们的预感是，如果能让人们看到未来的自己，他们往往会产生一种体恤式反应。"就像当他们看到衰老的父母亲会产生一种保护欲望一样。②

从慢慢走到快快走

快速思考对你的财务健康造成了威胁。如果你是一个专家，能够快速地分析实验和研究中提出的各种数据，那么快速思考是迅速而有效的。但很多进入市场的人是没有接受培训的普通投资者，他们就想赚钱，常常忘记考虑风险因素，特别是当牛市的鼓点敲响、电视上的评论员高谈阔论的时候。在这种情况下，快速思考根本不是真正的思

---

① 资料来源：Hal Hershfield, G. Elliot Wimmer, and Brian Knutson, "Saving for the Future Self: Neural Measures and Future Self–Continuity Predict Temporal Discounting" (Department of Pyschology, Stanford University, November 30, 2008).

② 资料来源：Jennifer Saranow Schultz, "Looking Ahead to the Spend–Down Years" *New York Times*, September 15, 2010.

考，而是内心的膝跳反射罢了。赔钱容易，赚钱很难，这就是事实。如果你知道这个事实，你就该把它作为冲动投资的急刹车。当你急着去买一只股票的时候，你不是在投资，你甚至不是在交易，你不过是一群旅鼠中盲目无知的小旅鼠罢了。

你要像飞机驾驶员一样进行系统检测。在被纽约股票交易所收购前，老美国股票交易所坐落在三一街86号，它有一个交易所名叫"TANSTAAFL"，这个名字实际上是"天下没有免费的午餐"这几个英文单词的首字母缩写。"天下没有免费的午餐"这个观点是治疗快速思考的一剂良药，当你感到很着急的时候，就对自己说"天下没有免费的午餐"！

| 思考周 |

微软公司的创始人比尔·盖茨帮助现代社会制造了过量的信息，但他有一个解决问题的好办法。在他管理微软的时候，他总是安排"思考周"，每年举办两次，一次7天，他把自己独自关在美国西北部的一个封闭的小木屋里。他认为："一方面是为了聚焦——信息超载问题太严重了；另一方面是信息不足，被信息洪水冲击，并不意味着我们拥有正确的信息或是我们接触到了正确的人。"[1]

盖茨不得不把他自己和技术隔离开，才能够更好地思考技术的未来。正是在他的小木屋里，在他那间悬挂着维克多·雨果画像的小书房里，冰箱里装满了橙汁和健怡可乐，书架上摆满了文学经典。就在

---

[1] 资料来源：Bill Gates, "How I Work," *CNN Money*, April 7, 2007.

这样的环境中，盖茨在 1995 年写出了《互联网浪潮》一文，最终创立了微软的互联网浏览器，击垮了网景的浏览器。[1]

自从盖茨离开微软公司，全职负责比尔及梅琳达·盖茨基金会之后，他再也不需要"思考周"了，因为他有更多的时间阅读和研究。[2] 每个人都可以在他的个人网站上看到他在读什么书、干什么事情、在哪里旅行。但是微软公司还是保留着"思考周"的做法。盖茨说，过去几年中公司的 50 位顶尖工程师参与了"思考周"。

光环和天使

已故路易斯安那州州长和参议员休伊·朗（Huey Long）曾说：每个人都是一个国王，但是没有人戴着王冠。如果他能在华尔街多花些时间，他会发现此地很多人都带有光环。这并不是说在华尔街工作的人都是天使，而是说人的思想可以为其他人或物披上神圣的外衣：可能是股票经纪人或是成功的投资者，也可能是股票或共同基金。

在很多方面，人们看待投资和市场的方式决定了光环效应的出现。他们只看到最终结果，而不是全过程，因此就根据价格而非价值做出决定或结论。价格似乎才是股票市场里不断变化的具体存在，价值，不过是每个人心中对一件事物的价格判断罢了。

---

[1] 资料来源：Robert A. Guth, "In Secret Hideaway, Bill Gates Ponders Microsoft's Future," *Wall Street Journal*, March 28, 2005.
[2] 在与比尔·盖茨的发言人约翰·皮内特（John Pinette）的电子邮件中得知。

因为有些人把一些人或事物神化了，所以看很多人时就感觉他们头戴光环。普林斯顿大学教授埃米莉·普罗宁（Emily Pronin）为美国金融业监管局投资者教育基金会做过一项研究——调查光环效应。她说，光环效应的一个表现就是认为你喜欢的人比其他人更具有吸引力、更聪明。

以股票经纪人为例。普罗宁做了一项实验，把一个股票经纪人包装成常青藤大学的毕业生，让他穿西装打领带，她想看看，这样一来人们会不会觉得他能力特别强、特别可信赖。她告诉人们这个经纪人毕业于康奈尔大学。然后，还是同样的一个人，这回他穿着牛津布的衬衫，没穿西装外衣，普罗宁说他毕业于纽约市的艾玛拉学院。

人们认为，比起穿着一般、普通大学的毕业生，那个穿西装、名牌大学毕业的经纪人更加有能力，而且不需要进行背景审核。普罗宁说：人们愿意投资更多的钱给那个穿戴较好的股票经纪人，甚至不用做背景情况审核。

普罗宁指出："光环效应的最大问题就是，人们会对其他人做出特别积极正面的评价，而不去细致研究这个人究竟是否配得上这些正面的评价。"[1] 股票中也存在光环效应，基金经理是这样，首席执行官也是如此。其实，我们生活中的所有事情都是如此，如果你对某件事物评价特别正面，愿意花钱投资这件事物，却没有用足够的时间去研究事物潜在的问题，那么你可能是受到了光环效应的迷惑。

---

[1] 资料来源：Emily Pronin, *Overcoming Biases to Promote Wise Investing*（Princeton University, FINRA Investor Education Foundation, August 1, 2007）.

行为经济学家正在研究你

行为经济学的一个问题就是,尽管它在解释某件事时有一定的合理性,但它在困难重重、荆棘丛生的投资世界中只是一条软约束。一位行为经济学家可能永远不会成为一家大银行或是交易公司的老板,那些工作说到底还是银行家和交易员的。但是那些了解投资心理,能够和投资者顺畅交流的人,越来越受到大银行的青睐。换句话说,即使你决定抛弃行为经济学,银行也不会抛弃这个理论,而且银行会用这个理论更好地研究你或是其他投资者。忽视行为经济学会对你不利。

2006年以来,世界最大的银行之一巴克莱银行就开始聘用行为经济学家,来帮助它们向客户介绍银行为什么这样决策以及进行决策的程序。从那以后,其他大银行也纷纷采取类似的做法,包括美国银行、美林银行、摩根大通以及安联全球投资者公司等。未来,将会有更多公司加入到这支队伍中来。

很容易想象出,银行会使用它们收集的客户相关数据来更有效地向客户推销投资产品。如果客户通过银行的培训能够增强决策的能力,我相信客户也能成为更好的投资者。如果投资者能够避免一些常见的心理陷阱,那么他们也能够少赔点钱。

格雷格·戴维斯(Greg Davies)负责管理巴克莱银行的行为和量化投资哲学组。他管理着4名行为学家,分布在全球工作。其中,一个在新加坡工作,两个在伦敦工作,还有一个在纽约工作。戴维斯开发了一个财务个性评估表,银行要求客户回答表格上的一些多选题,从而判断出客户的财务个性。这个问卷包括6个方面:风险容忍度、情绪控制力、市场参与度、金融技能、授权范围和对自己能力的信心。迄今为止，巴克莱银行已经收集到了全球13 000多名客户和潜在客户的数据，有些数据甚至是在金融危机期间收集到的。戴维斯说从这6个方面分析，投资者常常会落入四组情况：

1. 前四项高，后两项高。
2. 前四项高，后两项低。
3. 前四项低，后两项高。
4. 前四项低，后两项低。

戴维斯认为，这个实验很有用处，因为它教会投资者要对自己诚实，而这其实非常难做到。有些人认为自己是有控制力的风险承担者，但实际上并不是所有人都有风险承受能力。当人们的投资方式背离了他们的投资个性时，他们常常会赔钱。投资产品组合管理的最基本架构就是分散投资。很多投资者认为分散投资产品能够降低风险，实现回报最大化，但是这个策略常常没有考虑到市场近期的状况，比如市场可能会突然大幅下调。标准化的建议无法阻止投资者恐慌抛售，更无法阻止他们向经纪人提出抛售的要求。

戴维斯认为，现有的经济学原理没有尽到对投资者的保护义务，没能解决他所指出的"尤利西斯和海妖塞壬的问题"。

在古希腊史诗《奥德赛》中，尤利西斯乘船返回故乡伊萨卡岛。在他的回家路线上，他的船将路过海妖塞壬的住处，塞壬会用美妙的歌声来迷惑船员，听到她的歌声的人都会纵身跳进大海淹死。女巫西尔克事前提醒了尤利西斯，让他好好保护自己和船员不要被歌声所害。于是，尤利西斯让船员把他绑在船的桅杆上，然后要求船员把自己的耳朵用蜡封上，就像著名的古典主义作家托马斯·布尔芬奇（Thomas Bulfinch）讲述的：

> 当他们接近塞壬的岛时，海面非常平静，水面上飘来美妙的歌声，令所有人陶醉。尤利西斯挣扎着希望松开捆绑，他大喊着向船员做出手势，祈求他们将他解开。但是船员们严格遵守他此前下达的命令，跳起来把他绑得更紧了。他们继续前行，歌声越来越弱了，直到消失不见。然后尤利西斯做手势让船员把耳朵里的蜡清除，然后他们给他松了绑。[①]

在金融环境下，投资者也是在平静的办公室与他们的顾问会面，大家讨论一下计划和投资方案，喝杯咖啡或茶，时间过得平静而休闲。当他们离开办公室的时候，将正面挑战"市场先生"的脾气，市场的股价上涨，就像是塞壬唱着美妙的歌，吸引很多人前来投资，然而一旦市场逆转，股市下跌，他们也必将像水手一样被无情地抛向大海。而在此过程中，没有什么事先安排能够将投资者绑在桅杆上保护起来。

戴维斯认为，关键是要考虑清楚如何能将长期投资目标和行为金融学的观点结合起来。戴维斯问道："如何能够使长期的自我与短期的自我合作，从而获取最大回报？"也许为了追求短期的心安，需要

---

① 资料来源：Thomas Bulfinch, *The Age of Fable or Beauties of Mythology* (Greensboro, NC: Tudor Publishing, 1937), 303.

舍弃一些长期的好处。这也呼应了我们在本书的第五章"混乱"中提到的，太平洋投资管理公司全球多种资产基金会使用期权或是其他金融产品对冲投资损失，确保亏损幅度低于投资总价值的15%。

戴维斯鼓励人们把投资股票组合看作一次旅途，而不是最终目标。大多数投资组合理论都是关于如何平衡长期的风险和回报的，投资者为了保险起见，愿意牺牲一部分长期收益。

戴维斯指出："尽管传统金融学认为，只要你保持冷静和理性思考，你没有必要放弃1%的年利润，但为什么人们还是愿意这样做呢？因为除非你是个机器人，否则根本无法做到完全理性。大多数人还是希望花钱买个安心。"[1]

戴维斯还说："这又要说回到思维系统一和系统二。你努力去做一件事，而这方面的规则你可能不太懂，但是有人告诉你这样做是对的。你在平静时期签下合同，但是你没能做到像故事中的尤利西斯那样了解在合同执行的过程当中可能会发生些什么事情。你在市场上涨时决定买入股票，却从没想过把自己绑在桅杆上规避风险。"[2]

大银行正在关注着你

摩根大通银行成功地度过次贷危机，成为世界上最有实力的银行之一，其采用行为金融学的历史非常悠久。这家银行拥有很多共同基

---

[1] 来自与作者的对话。
[2] 资料来源：Malcolm Baker, "Behavioral Finance at JP Morgan," Harvard Business School, Case Number 9-2007-084, February 28, 2007.

金，都是根据行为金融学的原则进行投资，包括考虑过度自信等因素。他们甚至通过相关信息对不同客户的营销方式进行了细分。1999年，银行聘用了拉里·塞缪尔斯（Larry Samuels），一个文化人类学家，来研究富人的特征。他发现富裕阶层一般有以下几个特点：虚荣、遗产丰厚、享受生活、不受约束以及热爱艺术。摩根大通银行把这几个特征称作"富有的标志"。银行把研究结果推广给经纪人，通过他们让客户填写问卷调查来确定他们的标志。关键词都对应着所谓的"激情分"。银行还会给经纪人提供一份"小抄"，让他们通过问问题或观察来分析核心客户的激情分值有多高。

哈佛商学院教授马尔科姆·贝克（Malcolm Baker）在2007年就摩根大通银行采用行为金融学的做法进行了一次研究，他说："结论是投资决策遵守了二八原则，也就是80%是由情绪控制，20%是由事实控制。"

财富标志是摩根大通银行沟通客户关系的重要组成部分。贝克说银行甚至根据每个财富标志确定"关键服务要求"。对于"美好生活"的客户，经纪人会让他们感到自己非常重要，经纪人会关注细节，并且随时通报最新趋势。另外一点也很重要，就是要让"美好生活"的客户畅谈他们取得的成就。对于"热爱艺术"的客户，就要采取另一种方式，经纪人对他们不会那么正式，尽量用形象化的语言介绍投资情况，花时间向他们介绍一些新的观念。

贝克说："摩根大通银行认为，如果顾问了解他们客户的投资偏好，就能够改善客户关系，然后就能够更好地留住客户并且获得更多推荐的机会。"

古老的教训

很多人不把自己当成人类社会普通的一员,他们把自己看成理智、聪明、无歧视、比他人更具吸引力的人。当事实证明他们是错的时候,他们常常不去自我反省自己为什么会犯错。

相反,他们会去指责其他人,或者批评机构,说股票市场是被操纵的。在很多方面,股市确实是对场外人设立了重重壁垒,但是游戏规则也并没有复杂到不可理解的程度。如果说投资像是一场战争,可能有些耸人听闻,但是就像《孙子兵法·谋攻篇》中所说:"知彼知己,百战不殆;不知彼而知己,一胜一负;不知彼,不知己,每战必殆。"这段话概括出了成功投资者的特征,而失败的投资者都忽视了这些原则。

孙子的话是非常有道理的。他在2 500年前写下这些至理名言,而直到今天这些话还是有用的。

如果你想从更平和的角度来思考这个问题,可以听我讲讲西方神学家和佛教专家的故事。在等了很多年之后,神学家终于有机会见到西藏哲蚌寺洛色林札仓里的一位得道高僧。他从美国不远万里赶过来,到达拉萨,走进了那座1416年落成的寺庙。他被领进高僧的房间,很激动,一直不停地讲话。高僧轻轻地打断他,问他要不要喝茶。神学家说好,然后高僧开始倒茶,神学家继续高谈阔论,很快茶就溢出了杯子。

神学家说:"水冒出来了!"

高僧说:"是的,等你清空了杯子再过来吧。"

高僧说完走出了房间。作为一名研究佛教的专家，神学家感到非常震惊，他不知道该说点什么。

当你走入市场时，请确保你已经清空了杯子。牢记你的投资纪律，带上你的分析能力，保持谦虚。

第九章
守夜人，今晚怎么样？

1953 年，约翰·加尔布雷斯（John Kenneth Galbraith）写了一本关于 1929 年股市情况的书——《大崩溃》（*The Great Crash*）。他要给书的最后一章想个标题，这时他的脑海里突然闪过希伯来大预言家以赛亚在《以赛亚书》第 21 章第 11 节中说过的一句话："守夜人，今晚怎么样？"这是个不错的标题。

在不到 8 页的篇幅里，加尔布雷斯介绍了美国新的法律，包括《1933 年证券法案》和《1934 年证券交易法案》，将会更好地监管华尔街的行为。但是这一章更具体地说明了，政治和其他现实情况将如何使这些规则难以被遵守，使法律的精神不能得到落实。

加尔布雷斯可能想象不到的是，时至今日，这些规则即使能够执行也无法有效监管市场。那些大萧条时期的法律，还是在罗斯福当总统的时候制定的，现在随着技术和金融创新的发展，市场和华尔街早已发生了质的变化，它们早就对这些规则免疫了。1929 年的股市不同于 2012 年的股市，当然更不同于 2112 年的股市。

次贷危机的影响范围和破坏程度堪比经济大萧条时期，可惜却没有获得"大萧条"这样诗意的名号。在危机的影响下，联邦政府于2011年再次制定了法律以遏制市场的自我毁灭行为，这些行为之前几乎导致了市场崩溃。守夜人可见识过这些，他对于这个永恒的问题的回答，就像是《以赛亚书》第21章第12行所讲："守夜人答道，清晨即将来临，但是黑夜也将再次回归。"

市场当然会从各种危机中复苏，但是也必将会再次出现危机。牛市的诞生永远伴随着熊市的终结，然后就会出现各种法律。但是那些法律除了给企业带来额外的负担之外，根本无法防止危机的再次出现。倒是企业将为遵守大量的监管要求，进而绕过监管要求浪费大量的时间和金钱，有的时候监管规则发布不久后就过时了。这些法律不会给投资者带来什么根本的变化，新法律的主要受益者是律师事务所和管理咨询师。他们因帮助美国企业执行、解释甚至绕过这些法律而获得了大量的利润，次贷危机后出台的新法有2 000多页，业务量可想而知。2011年，曼哈顿一家著名的律所德普律师事务所收费10万美元来写一份17页的文件，主要内容是解释银行拥有对冲基金的意义。① 达维律师事务所也是一家著名的律所，危机期间受聘于证监会成为市场监管者，向客户每月收取7 500美元的在线注册费，主要是跟踪《多德-弗兰克法案》的修订进展。而为了适应新法要花在技术改良上的钱更是惊人。据一家技术咨询研究公司塔牌集团公司估算，2011—2013年，美国企业共支付超过38亿美元来改进技术。

一种让人灰心丧气的观点就是，华盛顿的监管改革最多只能招来一片骂声，这是有历史为证的。2002年通过的《萨班斯-奥克斯利

---

① 资料来源：Eric Dash. Feasting on paperwork, *New York Times*, Sept. 8, 2011.

法案》，在当时是针对安然公司、泰科公司和世通公司等企业的会计欺诈行为所颁布的，但是这部法案也没能阻止或是预测出次贷危机的发生。《多德-弗兰克法案》和《消费者保护法案》在 2010 年 7 月通过生效，尽管这两个法案在其 16 页的概论中写得美好："要营造稳健的金融基本面，促进就业，保护消费者，控制华尔街的过度行为和巨额奖金，终结政府救助和大而不能倒的局面，预防下一次金融危机。"但它们可能也会像此前很多法案一样被绕过，甚至被羞辱，这取决于这些法案自身的缺陷有多大。

华尔街的银行最善于对付华盛顿，削弱各种新的和旧的法律。它们雇用了一支游说队伍，为各种政治活动进行战略性捐款，更重要的是它们能够重新配置资本，把钱从被监管的领域转入当前法律没有覆盖的非监管领域。直到现在，还有人能够设法无中生有，比如把 1 美分变成 1 美元，甚至是把根本不存在的东西创造出来。每次危机都显示出我们的监管体系存在漏洞。皮帕·马尔姆格伦（Pippa Malmgren）说："金钱就像是水，总能找到办法流入这些漏洞。"① 她非常聪明，曾是乔治·布什总统的经济政策特别顾问。她在伦敦开了一家叫作嘉能博雷（Canonbury Group）的金融咨询公司，主要负责帮助金融企业分析政府政策对市场的影响。

下一次大崩溃

或许下一次危机将会发生在外汇市场，现在这个市场吸引了很多希望一夜暴富的人；或许下一次危机会出现在期货市场，有些经纪公

---

① 来自其 2010 年在芝加哥期权交易所风险管理会议上的演讲。

第九章 守夜人，今晚怎么样？ / **243**

司正在努力游说投资者投资黄金和白银期货来分散投资组合；又或许下一次危机出现在市政债券市场或者是交易型基金行业，也有可能发生在华尔街目前尚未发明出的金融行业里。我们不能确定危机在哪里爆发，但我们可以肯定地说危机必将再次出现。而且，危机将伤害很多人，而大多数人已经无法承担再次被另一场金融危机伤害的后果了，但偏偏是这些人将会受到最严重的伤害。他们被引诱，在市场崩盘前高位入市。他们将在市场下降最严重的时期仍然坚守，希望股市能够反弹，这样他们至少能拿回本钱。但是当他们最想要或是最需要这笔钱时他们会拿不到。这令他们感到恐慌，然后他们就在股市的最低点抛售股票，其实这时股市马上就要反弹了。各种文章都对这样的故事有大量的描述，但是，同样的剧情依旧上演着。

在下一次危机重新把大量财富分配给这个国家的少数人之前，华盛顿应该动用"天字第一号"讲坛——白宫与国民开展一次对话，用人们理解的语言讲讲投资是怎么回事，而不是给大家灌输各种证券法，法律对于这些没有金融专业知识、没有律师辅导的普通人来说，太过复杂难懂了。在一个完美的世界中，华尔街应该开启这样的对话，但世界不是完美的，而且华尔街也不愿意教导人们把"傻瓜的钱"变成"聪明人的钱"。提高金融知识普及率是值得联邦政府花功夫去做的事。

| 误读和幻想 |

我们不清楚，证券交易委员会是否明白，它与金融市场和投资者是多么脱节。1937 年，时任证券交易委员会主席的威廉·道格拉斯

（William O. Douglas）曾说："证券交易委员会是投资者的依靠。"可惜这句常被引用的名言不是真的。证券交易委员会似乎越来越丧失了与时俱进的能力，而且也错过了修正主要问题的时机，因为它一直都在关注细枝末节。

这就使证券交易委员会的声明变成了一句笑话。其官网上说，证券交易委员会旨在确保出售股票和债券的企业据实说明企业情况，说明它们出售的股票的情况，说明投资潜在的风险，同时要确保销售证券的经纪人、交易员和交易所公正、诚实地对待所有投资者，永远把投资者利益放在首位。可惜，不管是企业律师、证券监管者还是华尔街高管，大家都不认为证券交易委员会做到了这一点。吉布·麦凯克伦（Gib McEachran）是北卡罗来纳州一家财富管理公司的合伙人，他说很多人觉得金融系统是被人为操纵的。"个人投资者感觉整个体系太复杂了，可能只有高盛集团和摩根大通银行这样的大企业才知道怎么能赚到钱。"这就是问题所在，同时也暗示出了解决方案。个人投资者常常缺席美国的证券业监管政策改革。他们可能会从改革中获取一点利益，或是获得一点监管保护，但是大多数时候，博弈是在华尔街和华盛顿政府之间展开的。华盛顿把太多的精力放在监管华尔街上，却很少考虑如何去有效地保护普通投资者。

| 旋转门 |

政府通过颁布限制企业行为的法律来约束企业和银行，美国企业就用政治说客和战略竞选捐助来削弱这些法律。能够帮上忙的众议员和参议员们都能获得丰厚的回报，比如，前得克萨斯州参议员菲尔·

格拉姆（Phil Gramm）就曾经帮助银行业削弱了政府的监管规定。他在废止1933年关于银行分类监管法规方面发挥了重要作用，那项法规禁止商业银行拥有投资银行，正是因为这条规定被废止，才会出现困扰华尔街和全球市场的"大而不能倒"的问题。格拉姆在2007年次贷危机中强烈反对就金融衍生品进行监管。当他离开华盛顿的时候，加入了瑞银集团，这家银行是在1998年由瑞士联合银行和瑞士银行集团合并而成的。

史蒂夫·巴特利特（Steve Bartlett）也是一名前得克萨斯州的议会议员，他帮助华尔街在20世纪80年代削弱监管力度，现在是金融服务圆桌论坛的主席。这个论坛包括100个全美最大的金融机构，包括贝莱德公司、嘉信理财、富达国际投资公司、福特机械信贷公司、通用电气公司和纳斯达克股票交易公司等。据说，巴特利特年收入约合200万美元，大大超过了普通议员约17.4万美元的工薪收入，他带领着一伙人常年反对对华尔街进行监管。很少有人能够像华尔街相关的政客那样赚钱。其他没那么高贵的普通市民的地位在危机前后一直没有发生变化，他们面临的市场波动性不断增强，为了能够攒点儿退休金，他们必须设法战胜市场波动性。

2007年的次贷危机爆发后，很多人被迫离职，退休金计划也因此中断。一些人不得不继续工作，推迟退休时间。另外一些人则相应缩减了退休金计划。2012年，尽管股市已经走出了危机最严重的时期，但是市场的未来依旧不清楚。现在看来，社会保障对于退休后的收入非常重要，但可能不足以满足婴儿潮出生的那一代人不断增长的需求，这将会促使更多的人走向股票市场。很多人会发现退休后可能没有足够的钱来维持生活，因此不敢退休。这也会促使他们更容易相信那些快捷支付的手段。他们愿意相信股市能够使他们变成富人，然后，可能在某个时刻，就会出现某个人用某种手段发动所有人来进行投资。新的资金入市会将股票价格再次推高。很多人将会绝望地追赶股票市场，生怕错过一次赚钱的好机会。历史会再次重演，如果人们连社会保障的钱也花光了，那么真正的财务困难将会使人们承受更大的苦难。

| 投资者教育 |

既然我们知道过去都发生了什么，甚至能够在一定程度上对未来发生的事情做出预测，那么，我们就应该采取行动来普及金融知识，避免错误的行为一再重复，预防发生下一次大的金融危机。如果能教会人们如何思考、设计金融投资方案，他们会在金融市场上取得更大的成功。他们也能在投资方面少上当受骗，能够根据风险评估做出金融决策，避免受到市场周期的影响。

为了保护投资者，华尔街和普通民众必须合作开发一套全国性的培训计划，这个计划需要向人们传授稳健投资的原则和流程，而现在的媒体在报道股市动向时缺乏这方面的内容。有些批评者会说，这种方式会影响市场的正常运行，或者说很多机构和银行已经设计了投资者培训计划，这些观点都太狭隘了。很多类似的项目效果都不好。当然，投资者的财务健康非常重要，就像建议美国农业部提倡按照食品金字塔的设计，鼓励人们每天摄入一定量的卡路里，遵守健康饮食规则一样重要。如果金融知识提高了，政府就能少花点时间和精力保护投资者了。授之以渔，那么这个人终生有鱼吃；授之以鱼，那么这个人只能是一天有鱼吃。道理都是一样的。

鸡窝里的狐狸

为鼓励理财知识教育，美国总统或是财政部长应任命一名投资者教育官员来为全美服务。这个人应该有几年的任期，负责每年至少公布4份季度情况报告，具体介绍他经过与各家企业和其他投资者沟通对话和研究后对市场走向做出的判断。这个教育官员应该是投资者的投资者。先锋领航投资集团的创始人约翰·博格尔现在已经是半退休状态，他就很胜任这个工作。巴菲特也可以，候选人名单很长，但是原则是一贯的。当罗斯福总统将约瑟夫·肯尼迪（Joseph P. Kennedy）任命为美国证券交易委员会首任主席时，曾经有人问他为什么要选这么个有钱人出任主席，而当时肯尼迪经营的很多产业就属于证券交易委员会的监管范围。据说，当时罗斯福总统打趣说，就是要"用鸡抓鸡"。我们都知道，肯尼迪的儿子们后来分别担任了总统、大法官和参议员，肯尼迪本人在证券交易委员会也取得了很大成功。他非常了解市场，明白在大萧条前要把东西卖光。他也做了很多实事来帮助投资者，在他的领导下，证券交易委员会要求企业必须报备财务信息披露文件，确保公众能够了解一家企业的财务状况，并且根据财务数据判断管理层的表态是否是真实的。但是肯尼迪有一项工作做得不太好，就是没有做好投资者教育工作。后续的证券交易委员会主席也没好到哪里去。他们都谈到了投资者教育的重要性，肯尼迪在就任证券交易委员会主席后的第一次公开演说中就提到了这方面的内容。那是在 1934 年 11 月 15 日，当时大崩溃刚刚结束，整个社会经济陷入大萧条之中，肯尼迪在波士顿商会发表了公开演说，演说经广播传播到各地。

艰巨的任务

1934 年 11 月 15 日，美国证券交易委员会主席约瑟夫·肯尼迪在波士顿商会会议上发表讲话：

我们当中的每个人都可能成为"傻瓜名单"上的一员或潜在目标对象。所以，当陌生人打电话让你购买证券时，请保持警惕。除非你对邀请你买股票的人非常信任，否则，请一定要特别小心，不要轻易在投资合同上签字，更别轻易地把你的钱或是你持有的证券交给别人管理。在全美各地，经常会冒出来一些人，推销一些不值钱的东西，还骗你说他有内幕消息，引诱你进行投资。还有很多人天天搞电话促销，总想引诱你上当，一定要时刻保持警惕。从本质上说，证券交易委员会不可能对每一次交易进行清理规范，但是只要有证据，证券交易委员会一定会严肃处理。我们要教育好公众，赋予他们抵御销售人员推销产品的能力，这是一项很艰巨的任务。我们设计的监管法律中，没有哪一条能够完全消除欺诈，但是，联邦政府一直致力于实现人们的心愿，不懈努力以打击股票欺诈行为。

肯尼迪主席提出的目标最终是否实现了，我们不好判断。阿瑟·

莱维特曾在1993—2001年出任证券交易委员会主席,他在保护个人投资者权益方面做出了很大努力。即使到了今天,他所做的关于投资者教育、金融知识普及和金融宣传方面的演讲仍让人感到充满激情和真理。但是,后来发生的一系列金融危机表明,莱维特在普及金融知识方面也没比肯尼迪好多少。如果莱维特做好了投资者教育工作的话,也许就不会有那么多人被卷入金融危机中了,并且后来的金融危机频率更密集,强度也更大了。自1934年肯尼迪被任命为证券交易委员会主席以后,美国公众越来越多地依赖市场的资金来支持他们的生活方式。议会发布的一系列支持股票投资的法律进一步鼓舞了美国民众投资股市。华尔街在投资营销方面已经变得非常复杂,而美国民众在提高金融知识方面并没有与时俱进。部分原因是技术极大地增加了信息量,却没能帮助人们从中挑选出有用的信息,导致现在的很多信息反倒形成了"噪声",市场上把那些没有价值的金融信息称作"噪声"。投资者教育官能够领导美国民众普及金融知识,而美国证券交易委员会主席做不到这一点。

| 聪明的钱,而不是疯狂的钱 |

任命一位投资者教育官,可以很好地迎合大众心理,激起民众的投资热情。一个非常有钱的人,或者一位让他人变成有钱人的人,往往会受到民众的敬仰和瞩目。看看那些吹捧巴菲特的人就知道了,有那么多人因为能参加他的伯克希尔·哈撒韦公司的年会而感到兴奋不已。

任命一位成绩斐然的投资者牵头全国的投资者教育工作,能够很好地捍卫投资者的权益,能够成为一个有效的沟通广大民众的良好机制。我们知道，人们现在买股票，主要就是因为他们看到电视上或者研讨会上一些自称是投资大师的人说他们应该投资买股票，那么，我们通过设立一个职业的投资者教育官，能够发挥更强有力的作用，教会投资者如何思考投资行为，如何先思考风险再考虑回报。投资者教育官的发言将会吸引媒体广泛报道，经过一段时间后，将会对公众参与市场投资活动、思考投资的方式产生实质性的影响。这种与公众的对话不要弄得很枯燥、程序化或是过度复杂，就做个简单的表格，就像美国农业部的标志性食物金字塔一样形象化，能够帮助投资者关注健康市场环境和风险投资。霍华德·马克斯（Howard Marks）就是投资者教育官很好的候选人，他已经开发出一张有效的表格，他把这张表称作"穷人的市场评估指南"。① 详见表9.1。

表9.1 穷人的市场评估指南

经济	景气	萧条
前景	积极	消极
资本市场	宽松	紧张
资本	充裕	稀少
条款	宽松	严格
利率	低	高
利差	紧	宽
投资者	乐观	悲观
	自信	沮丧
	急着买入	没兴趣买入

---

① 资料来源：Howard Marks, *The Most Important Thing: Uncommon Sense for the Thoughtful Investor* (New York: Columbia University Press, 2011), 131.

第九章 守夜人，今晚怎么样？ / **251**

（续表）

资产所有者	乐于持有	着急退出
卖方	很少	很多
市场	拥挤	没人关注
基金	很难入市	对所有人开放
	每天都是新产品	只有最好的产品能融资
	一般合伙人拥有所有权利	只有高级合伙人有议价权
近期表现	强劲	虚弱
资产价格	高	低
潜在回报率	低	高
风险	高	低
受欢迎的品质	激进型	谨慎、自律
	广泛沟通	有选择地进行沟通

投资者应该用马克斯的表格来测量市场的温度。投资者教育官的网站应该在首页上挂上这个表格，经纪公司也应该加一条这张表格的链接。

马克斯是美国橡树资本管理有限公司的总裁，他管理着约800亿美元的资产，他在投资前都愿意先对照上述表格打打分。

马克斯说："市场是周期性运作的，有涨有跌。就像钟摆一样摇摆不定，很少在幸福的中点上停顿。这是风险还是机会？投资者应该如何做？我的回答很简单：首先确定我们周围正在发生什么，然后用我们的发现去指导行动。"[1]

---

[1] 资料来源：Howard Marks, *The Most Important Thing：Uncommon Sense for the Thoughtful Investor*（New York：Columbia University Press, 2011），132.

| 重复和速度 |

为确保投资者教育官的报告能够广泛传播，应要求银行和经纪公司将投资者教育官的评论寄送给所有的客户，同时必须用特殊的信封明确标示这是投资者教育官的材料，而不是那些泛泛的企业计划书、委托书或律师随便写的监管披露要求等。

投资者教育官可以每季度举办一次电视直播的新闻发布会，讨论市场情况。重复讲多次很重要。再加上常常出现在广播、纸质媒体和网络媒体上，这能够确保民众听到投资官所说的信息。他们听得越多，就越关注。还要建一个网站，具体介绍投资的原则。当然，华尔街一定会把这些附加的监管规定当成是负担。批评家可能会抱怨说，华尔街已经是世界上监管负担最重的行业了，再加一层监管负担不公平。对此，我们可以简单地做出回应：监管可以取得很多好的成效。只要华尔街少赞助一次高尔夫巡回赛，少赞助一次体育馆里的赛事，多支持严肃的投资者教育活动，就能够帮助人们解决财务投资方面的困境，能够为其他面临同样问题的国家树立典范。

经济和市场的盛衰周期永远不会消亡，但对于投资者而言，成功是一时一事的事情，经过一段时间的教育培训，也许越来越少的人会陷入华尔街的骗局之中。

| 更多的教育 |

在一个理想化的世界中，银行和经纪公司应该列支一部分资金，比如10%左右的广告宣传经费，用于支持投资者教育。还有一个资金来源就是从所有的证券和期货交易中收取一点费用，美国证券交易委员会就是这样做的。期权市场就有个很好的范例，交易所根据市场份额支付年费，支持教育和营销活动，这些活动教会投资者如何使用看涨和看跌期权。

重点是要教会人们如何理性思考投资这件事，要使用他们能听懂的语言来解释，而且要提高教育的影响力。还有一点也很关键，要帮助人们利用金融手段改善其整体生活状况。这并不是什么出格的想法。我们当然不是说每个人都得成为赢家，都要住大房子、过奢侈生活、休闲度假，但是每个人都拥有公正的机会，缩小普通民众和华尔街精英之间的信息差是一条重要的原则。

| 使用平实的语言 |

华盛顿应该解决信息披露的语言的问题了，因为华尔街是不会做的。人们经常抱怨华尔街善于狡辩，使用的术语和表格拗口难懂。有多少人知道：读企业材料最好先从脚注看起；企业可以通过资产折旧改善财务状况；企业应该在周五晚上股票市场关闭，人们都去度周末的时候公布负面消息。企业使用这种伎俩，就是希望没人关注到这些消息。也许，应该要求企业清楚、简明、平实地说明都有哪些因素影响了每季度的利润。符合消费者友好性的报告标准的企业应该获得一定的嘉奖，比如可以由投资者教育官对企业提供一个正式认可的好管家图章。所有对投资者友好的企业都将会吸引更多的投资者。

当然，有些人的行为可能会很愚蠢，市场的一大特点就是总有更大的傻瓜存在。但是至少让人们充分了解信息之后再做决策，哪怕这个决策是错误的。人们有权利了解事实的真相，而不是只有市场的控制者能够了解真相。使财务信息变得民主化、简明易懂有助于商业的发展，你看看次贷危机后我们的政府花了多大的成本来清理战场，承担了多大的赤字啊！谁来偿还这些赤字？我们要还，我们的孩子也要还，甚至是孩子的孩子还要继续还。

如果我们不下大力气教育人们遵循良好的投资原则，那么我们可能会看到未来的政府将承担更大的赤字，也就是说你跟我要缴更多的税，咱们的孩子和子孙的未来将会更加黑暗。

失败的原因

次贷危机的一个关键教训就是道德风险是华尔街文化中非常独特而普遍的特征。也许，监管者在次贷危机后提出的"系统性风险"的概念有助于控制过度承担风险，但是我们也不能忘记美国联邦储备局和证券交易委员会在危机最严重的时期派职员去各大银行监控银行运营。我们并不清楚这些做法是否发挥了建设性的作用，尽管企业的高管对外声称由于审慎监管，现在企业的运营非常理性。

这很讽刺，但是道德风险这个词最早是通过火灾保险进入金融词汇的。根据《布莱克法律词典》，道德风险的定义是：

> 投保的财产被火破坏的风险的测量标准是：投保人的性格和利益，他的习惯是谨慎认真还是粗心大意，是刚正不阿还是声名狼藉，以及一旦财产遭到火灾破坏、领取保险金后，他是遭受损失还是获得收益。

上述定义似乎可以广泛适用于次贷危机期间的华尔街。我们不清楚这些冒险行为在危机结束后是否得到了实质性的改变，但我们猜想这种变化不太可能发生。金融市场，乃至整个华尔街都有其独特的文化、准则和道德标准。毫不留情的营商方式正是华尔街的特色，有些观察家指出这些特点也符合美国精神病学会的精神错乱诊断和统计手册上关于反社会型人格障碍的定义。其诊断的清单包括以下标准：长期不尊重他人、侵犯他人权利、经常撒谎欺骗他人、欺骗他人获得个人利润或愉悦等；躁动和激进；不考虑自己或他人的安全；长期不负责任，例如工作中经常出现失误或是不能履行还款责任；缺少忏悔，例如对于伤害他人、虐待他人或是偷盗他人财物的行为总是能找到合理化的理由或是感觉冷漠。

美德

华尔街跟市场道德或是美德基本不沾边。但是，没有几个行业能像华尔街这样影响这么多人，所以议会才义不容辞地克服各种困难来完善现代化的监管体制，使其符合现代市场的实际情况。监管体制是市场和政府间的平衡，迄今为止，市场一方牢牢掌握主动权。华尔街的火险的保险公司是联邦政府，在美国和其他国家都是这样。普通民众付保费。次贷危机使道德风险的概念深入人心，现在基本上是本国政府自动承担了这个责任。在21世纪初，失败不是一个选项，因为一旦担保失败将会面临灾难性的后果。要求雷曼兄弟投资银行申请破产，经常被看成是引发本轮金融危机的导火索，很多人认为这一事件把火灾迅速传导到全球的金融体系。未来，我们面临的形势将更加困难，穷人和富人之间的差距会越拉越大。很快，这个差距将不再是按照物质财富来衡量，而是用大家所掌握的信息量来比对。金融行业必须更好地教育他们的客户。

| 阶梯 |

还记得本书前面提到的风险阶梯吗？随着人们越爬越高，他们渐渐放弃回报低的谨慎投资，开始进行回报高的高风险投资，这个时候，应该有人来提醒投资者保持谨慎，警惕可能出现的后果。很多情况下，人们忘了他们在攀登一个风险的梯子，他们只关注能赚更多钱的可能性。换句话说，所有人都应该牢记那个格言：猴子爬得越高，红屁股暴露得越多。既然拉斯维加斯的赌注登记经纪人能公布赌球成功的概率，既然赌场都知道各种赌博的胜负概率，那么我们也该为股票做出相似的安排。使用夏普比率和标准差对于那些受过金融培训的人来说很容易，但是我们还要把这些概念转化成非金融人士也能够使用的工具。这些普通人在股票市场上越来越活跃，他们需要了解一些基本的概念，比如股票收益和风险之间的关系、股票涨跌的可能性等。既然我们能开发出寿险精算表来预测投保人的离世时间，甚至能把人送到月球上去，那我们也一定能开发出简单的、便于使用的工具，帮助人们全面认识风险和回报，认真思考股票和投资。

纽约市市长麦克尔·布隆伯格（Michael Bloomberg）制定了一项法律，要求饭店公布饭菜的卡路里含量，之后，斯坦福大学的调查表明，星巴克咖啡厅的顾客开始选择更加健康的食物。信用卡借款调查也发现，当法律要求信用卡公司明确说明如果每个月只付最低还款额要多长时间才能清偿债务后，客户会选择更快地还清信用卡借款。这不是说要建立一个保姆式的国家，而是说要确保人们能够获得充分的信息，妥善做出决策。洞察力是一切事情的关键。

如果今后人们还是在信息不充分的环境下艰难决策，那么错误决策的罪过就会推给政府，我们所有人都得缴更高的税。当然，也可能会有人发明出新技术或是神奇的小玩意，能够提高效率，让美国经济高速发展，远超现在每年2%～3%的经济增长率，这样的话也许我们就能免缴超高税负了，商品和服务的价格也能降低。唯一的负面效应是，这种目前还没发明出来的既能够使美国经济快速增长，又能使我们还清上一轮金融危机遗留债务的小玩意，将不可避免地引发新一轮股票价格大涨。总有一天，股票价格将脱离经济实际，然后所有的故事情节就会再重复一遍。悬在股票市场之上，同时在人类社会的各个领域都存在的一个问题就是：人类的未来能否与过去有所不同？答案是肯定的，毫无疑问，而且将一直是肯定的。在市场上，我们必须记住安塞尔姆·罗斯柴尔德（Anselm Rothschild）在1831年所说的话，这话在当时看是正确的，过了将近200年后，今天再来看这话似乎更加正确了。他当时在给兄弟的一封信中提道："我们必须看清事物的本质，然后从世界上愚蠢的人那里获利。"[1] 当然，能看清楚谁是愚蠢的人很重要。

---

[1] 资料来源：Niall Ferguson, *The House of Rothschild: Money's Prophets, 1798 – 1848* (New York: Viking, 1998), p. 131.

| 系统性的变化 |

好的监管者要像好的投资者一样,能够找出愚蠢的行为。理想的情况是,在愚蠢行为破坏了市场平衡之前就发现这些事。现行监管制度和结构使监管者很难做到这一点,因为监管者通常是工作量超负荷、人员配备不足、辅助设施配备有限,很难有效地应对银行和交易所,无法有效地监管市场。部分原因在于监管机构的组织构成有问题。证券交易委员会负责监管股票和期权市场,商品期货交易委员会负责监管期货市场,分散监管范围和权力不利于保护投资者,最终只会是政客和银行受益。

整个华尔街以及相当一部分在华盛顿政府工作的人知道:期货交易将会影响甚至经常决定股票的价格。但是,证券交易委员会对于股票和期权市场的情况知之甚少,因为议会根据产品属性把监管权力分设开来,而不是按照现代市场的实际运营结构来设立机构。把证券交易委员会和商品期货交易委员会合并,理顺两个机构监管市场的规定是最重要的第一步。要逐步实现证券监管规则现代化,那些规则都是80多年前制定的,当时很少有人投资股票,企业给退休职工提供的只是退休金,共同基金根本不存在,大多数人还是把钱存在本地银行的存折里。

现在的商品期货交易委员会和证券交易委员会还是从前市场不发达时候的状态,那个时候市场和投资者可以根据不同的产品进行划分。1936年通过《商品交易法案》的时候,期货市场还主要是交易农产品。到了20世纪70年代,期货市场开始涉足金融产品,现在金融产品已经成为交易的主要产品。但是,即使现在期货交易价格对股价影响很大，甚至是起到了决定股票价格的作用，证券交易委员会还是没有资格监管期货交易。兰妮·施瓦茨（Lanny Schwartz）曾是一个非常优秀的监管政策律师，她指出，现行的监管机构分设意味着，对于市场每时每刻发生的状况，没有任何一家机构能够全方位地了解。

达维律师事务所的合伙人施瓦茨说："每个人都只有有限的知识，因为市场细分的领域很多，期货和证券市场之间又有明确的区分。"①

| 闪崩 |

如果你觉得这些监管问题太模糊了，不会影响到个人投资者，你可以回想一下2010年5月6日发生的所谓"闪崩"。这一天发生的事和更具破坏力的次贷危机比起来或许算不上什么，也没有欧洲的经济问题那么棘手，但是闪崩凸显了当前现代市场的现实状况，暴露出监管者面临极大的困难来解决这些发生在鼻子底下的事情。

5月6日下午2：32，再有1小时28分钟股市就要闭市了，道琼斯工业平均指数开始下跌。在短短20分钟里，道琼斯指数下降了约1 000点，9%的价值瞬间灰飞烟灭。共发生了超过20 000手交易，涉及300多种证券，交易价格仅是闪崩前价格的60%。人们不断地买进卖出，价格最低的还不到1美分，价格高的可以达到100 000美元。宝洁公司的股价在3.5分钟内从60美元跌至39.37美元。明尼苏达

---

① 资料来源：Niall Ferguson, *The House of Rothschild: Money's Prophets, 1798 – 1848* (New York: Viking, 1998), p. 253.

矿务及制造业公司的股价在不到 2 分钟内从 82 美元跌到 68 美元。市场不断下跌，但是没人知道是什么原因导致了下跌。美国股票交易所不知道，纳斯达克股票交易所也不知道，美国证券交易委员会还是不知道。股市当天收盘时下跌了 347.87 点。闪崩发生 6 个月后，原因才浮出水面。共同基金公司沃德尔－里德公司（Waddell & Reed）的一名交易员在芝加哥商品交易所下了一份订单，出售 75 000 份小型标准普尔 500 指数的期货合同，交易价值 41 亿美元。这个交易很快引发了市场震荡，市场震荡又引发出一系列连锁反应，这种反应以前所未有的速度迅速荡平了股市。期货交易触发那些已经输入了秘密交易公式的电子化的交易公司立刻按照交易公式开始出售股票和期货。等它们停止交易的时候，它们的看空行为导致价格继续下跌，而且速度更快，因为买家都被吓跑了。这一系列后续的事件，都反映出期货市场的交易活动有可能一举击垮股票市场的价格。

　　这个芝加哥期货市场的一项交易可能破坏美国股票价格的故事告诉我们，股票和衍生品的联系非常紧密，期货市场将决定股票的价格，影响股票的交易方式。每当有人卖出标准普尔 500 指数的期货产品时，都会有人相应地卖出标准普尔指数中所包含的那 500 种股票。如果有人买入期货合同，也会发生同样的事情。这种期货和股票之间的买进卖出，包括期权市场上不可避免地出现的一些停顿，最终都会影响股票的价格。证券交易委员会并没有职权来监管这种行为，也没有任何机构被赋予了这样的权限。

　　"闪崩"使很多经验丰富的投资者和企业高管感到震惊。没人能想象到会发生这样的事情，过去也从来没发生过这样的事情。"闪崩"过后，证券交易所和期货交易所之间就谁该为这一事件负责展开了激烈的争辩，最后美国证券交易委员会不得不要求双方都要依规办事，合力研究此次事件的原因。随后，美国证券交易委员会和商品期货交易委员会联合展开了调查，以还原事件的真相。两家机构联合发布了一份报告，介绍事件的始末，然后就此打住。尽管"闪崩"事件暴露出监管者对股票和期货市场都没有进行充分的监督，暴露出技术发展给市场监管带来了巨大挑战，因为技术能够将几种不同的资产压缩进一个复杂的公式，一旦公式被触发，就会撼动整个市场的节奏，但是监管者没有做出任何改变。

| 弱点 |

"闪崩"事件使监管改革的呼声越来越强烈。如果仅把它当作市场历史发展的一个注脚，那这可不是个好兆头。股市缺乏透明度，导致市场出现极端波动，投资者始料不及，而且无人能够进行有效监管。这一次的"闪崩"在一天之内结束，如果下一轮"闪崩"延续的时间更长该如何是好？没人知道。合并证券交易委员会和商品期货交易委员会，可以实现统一监管相似金融产品，确保有人能够完全了解市场情况，这样一来或许可以降低市场波动性。

期货、股票和期权市场实际上是一样的。我们几十年来一直知道这个事实，却选择去忽视它。《布雷迪报告》是一份专门研究1987年股市崩盘的报告，报告总结称，股票、期权和期货的市场实际上是一个市场，因此应该被同一家机构监管。玛丽·夏皮罗（Mary Schapiro）是奥巴马政府时期任命的商品期货交易委员会主席，她曾说，"市场动态的一个基本事实"就是，股票市场的价格发现通常发生在期货市场上。但是，证券交易委员会和商品期货交易委员会有各自不同的规定，有时甚至是相互矛盾的规定，以至于一些经验丰富的投资者就会钻两家机构的规则漏洞，进行所谓的"监管套利"。缺乏统一的监管视角是市场的致命要害。华尔街上流传很广的一个观点是：市场已经变得太大、太复杂，因此难以监管。你坐在哪个位置上，决定了你对一件事的思考方式。显而易见的是，一些交易公司和银行对现在的监管缺位感到非常高兴。

合并证券交易委员会和商品期货交易委员会是确保美国的监管框架赶上金融市场变革的非常重要的第一步，所有的人都知道这一点。在2007年金融危机发生前的几个月，美国财政部的一份文件很有先见之明地指出，美国市场的监管者在预防和预见金融危机方面面临的挑战越来越大。当时，财政部的员工肯定想不到，6个月之后，他们将被卷入一场史诗般的战斗中，奋力挽救美国乃至全世界的金融体系。有趣的是，财政部作为监管机构提出的方案不是如何使美国市场变得更加安全，而是如何能保证美国比其他国家更有竞争力。可悲的是，美国财政部的专家委员会刚刚调研总结称市场运行良好，几个月后，一场自1929年经济大崩溃以来最严重的金融危机随即爆发，再次说明美国金融市场的监管漏洞简直比一块瑞士奶酪上的气孔还要多。

自2007年次贷危机以来，华盛顿做的很多监管努力都是聚焦在预防次贷危机再次出现上。这是合理、稳妥的应对方式。但是历史证明，华盛顿只是治标不治本。政客和监管者只是对事做出反应，他们没有预见性，在与华尔街的对决中始终处在下风。对于华尔街来说，投资者只有能够预见风险、承担风险才能获得收益。这种能力上的差距、监管法律上的缺失，很可能在未来引发一场破坏性更大的危机。

阿瑟·莱维特曾任证券交易委员会主席，他说把商品期货交易委员会和证券交易委员会两家机构合并是"监管改革应该走的最基本的一步，而长期忽略其必要性使人愤慨"①。

监管者没有足够的能力来有效管理金融市场。议会撰写的各种报告都表明证券交易委员会资金不足、人员不足、弹药不足，难以应付华尔街的大银行。证券交易委员会批准了新的交易体系，却不具备相应的监管能力；允许银行创新并交易具有潜在破坏性的金融产品，却没有方法去监测、管理，而这些产品有能力破坏脆弱的市场平衡，这些都是证券交易委员会配备不足的负面影响。这些问题严重威胁着市场未来发展的能力。莱维特指出："监管者监督的能力和市场领先监督政策之间的缺口很大。"必须弥合这个缺口，否则投资者可能会逃离市场。②

| 华盛顿 |

理性的人会思考，为什么合并证券交易委员会和商品期货交易委员会这么重要的事情这么难执行呢？原因很简单。议会下设的期货监管委员会不想丧失权力。在这些委员会里任职的政客需要金钱来获得选票，他们可不想失去华尔街、期货交易所和期货交易公司提供的竞选资金。

---

① 来自与作者的对话。
② 资料来源：Steven M. Sears,"Black – Hole Physics on the Street," *Barron's*, May 15, 2010.

把商品期货交易委员会和证券交易委员会合并，将会改变议会的权力结构。商品期货交易委员会是参众两院的农业委员会分管的，而证券交易委员会是参议院的金融委员会和众议院的金融服务委员会分管的。农业委员会可不想损失一大笔竞选援助，不想放弃对期货交易所和大宗商品交易企业的监督。同时，银行业和金融服务委员会也能获得无穷无尽的竞选活动经费。

华尔街可不怕政府的不作为。华尔街就喜欢议会和监管者之间这种纠缠不清的结构，因为这样一来银行就可以为所欲为，让华盛顿的政客们去互相争吵吧。实际上，很多华尔街的企业和交易所都喜欢现在这种监管分立。大家普遍认为商品期货交易委员会比较好对付，而且比证券交易委员会更支持企业。因为很多金融产品越来越相似，有时证券交易委员会给出否定的意见，但是商品期货交易委员会常常给出支持的意见。现在是时候请华盛顿认真考虑平衡投资者保护和华尔街企业想要的灵活度之间的关系了。

商品期货交易委员会和证券交易委员会之间的差别甚至影响了市场稳定的一些最基本的要素，例如，多大比例的借款能够用于交易股票和期货？商品期货交易委员会和证券交易委员会有不同利差要求，两家机构经常为谁对谁错吵架。2007年夏天，两家机构对簿公堂，就"哨兵对冲基金管理公司（Sentinel Management hedge fund）欺诈案"进行法律诉讼。负责这个案子的法官问道："为什么这两个政府部门不能相互沟通，联合起来更好地治理市场呢？"① 很显然，这位

---

① 资料来源：William J. Brodsky, "A Real Regulatory Redunacy" *Wall Street Journal*, October 19, 2007.

法官还不了解华尔街和华盛顿的行事方式。

自进入21世纪以来，美国已经发生了两次严重的金融危机，一次是2000年的互联网泡沫破灭，另一次就是2007年的次贷危机。两次危机都说明了一点，就是政府官僚机构之间的内斗必须停止了。如果这个局面还不改变，美国的市场将会输给其他国家的市场。

| 一个全球性的问题 |

2011年夏，在欧洲央行行长让－克洛德·特里谢（Jean‐Claude Trichet）退休前的几个月，他在法国埃克斯城参加了一次经济会议。当时，欧洲主权债务危机正在如火如荼地蔓延。希腊、葡萄牙和意大利都已经濒临经济破产边缘。面对各种挑战，特里谢指出目前最需要监管的是系统重要性机构，包括非银行机构。特里谢说："过去4年表现出的最严重的问题是经济的脆弱性，各国急需采取行动来增强全球经济的韧性。"[1]

诚然，直到现在我们还不清楚全球经济在次贷危机后是否得到了强化，我们也不清楚美国和其他国家的监管体制是否能够有效应对全球市场的挑战。这是个非常危险的问题，各国政府应该举行一次会议，讨论一下该如何应对那些全球化的公司——这些公司在不同的经营环境、不同的监管体制和不同的会计准则下运营。美国的监管体制中存在的漏洞在全球监管体制的框架下看也许微不足道，也许各国应

---

[1] 资料来源：Gabriele Parussini and William Horbin, "Trichet Urges More Regulation," *Wall Street Journal*, July 20, 2011.

该考虑构建一个国际监管机构，监督那些规模巨大、业务繁多的公司，共同努力维护全球经济的稳定性。当然，这样一个机构可能会引起一些人的反对，但存在反对的声音是件好事，这样可以帮助我们在监管系统重要性机构和给予市场足够的灵活度进行创新和发展之间找到平衡。这个问题很敏感，但值得研究，尤其是当前那些以盈利为目的的交易所，例如纽约证券交易所和纳斯达克交易所都是由股东把持，最终它们会把企业利润放在第一位，忽视市场的稳定和健康。过去这是个市场问题，现在是企业经营模式的问题了。我们一定要认真吸取"闪崩"的教训。

在证券交易委员会和商品期货交易委员会联合发布了报告后，"闪崩"事件的发源地芝加哥商品交易所强烈维护自己。委员会名誉主席利奥·梅拉米德（Leo Melamed）甚至对报告提出了批评。他说："我们的市场表现得很好，我觉得那份报告大错特错，因为它总是揪着那一笔交易不放，但是如果你认真研究一下，你会发现这说明我们的市场是起作用的。"①

换句话说，芝加哥商品交易所发挥了作用，但其他地方的市场都失败了。如果任何人对芝加哥商品交易所还有什么疑问的话，2010年10月1日该交易所发布了官方声明。声明里说："5月6日全天，芝加哥商品交易所集团市场部都运作良好，我们的自动信贷控制、订单量限制、止损和市场订单价格保护点、价格绑定程序以及止损逻辑都按照其设定方式运作良好，而且对市场环境的变化做出了有效的回应。"

---

① 资料来源：MarketBeat, "CME: Don't Blame Us For Flash Crash," *Wall Street Journal*, October 1, 2010.

芝加哥商品交易所是个营利机构，其公司股票在纳斯达克股票市场上市交易，它可以被看作营利性交易所兴起和监管市场的一个好例子。自2000年以来，包括纽约证券交易所、纳斯达克股票市场在内的交易所都变成了营利性机构。这些公司聘请了投资银行家，通过股票首次公开发行将股票卖给投资者。现在，投资者可以在纳斯达克、纽约证交所以及任何一家大的交易所买入或卖出股票。很多投资者认为这些交易所是合法垄断机构，因为政府给交易所发营业执照。股票交易所一般利润率都很高，时间长了以后，企业中就会有很多要求较高的机构投资者，他们会对管理层施加压力，要求管理团队更多地考虑如何赚钱，而不是其他的社会责任。2010年召开的一次交易所会议上，大家在讨论金融危机的经验教训时，第一次提出这种想法。在会上，所有人都想介绍一下他们自家的交易所是如何设计出最佳方案，帮助各种奇特的场外交易产品获得交易便利的，他们原本希望在次贷危机前把这些产品推上市场。监管市场需要花钱。交易所是按照交易量收钱的，交易量越大，交易所赚的钱就越多。市场没发生危机的时候，这算不了什么大事。但是，这个问题应该引起我们的重视，解决好这个问题才能帮助我们更好地管理交易所，更好地预测和防止危机再现。

| 礼物 |

托马斯·彼得菲（Thomas Peterffy）是现代证券市场的设计者，他很担心交易所和监管者失去对市场活动的控制。

2010年他在巴黎出席世界交易所联合会大会时发言称："技术、

市场结构和新产品变化越来越快,超出了我们理解和控制的能力。"由他来告诉世界顶级交易所的高管他有这样的担忧,就像是乔布斯或比尔·盖茨争论说技术破坏了人们的注意力集中时间,使人们变成了即时满足的瘾君子一样具有权威性。[①]

彼得菲是第一批利用技术来交易股票和期权的人。他创建的添华证券是世界上最有影响力的一家交易公司。彼得菲后来创立了一个在线的折扣交易公司,那里有实时沟通的交易员为投资者提供专业的交易工具。"闪崩"事件发生后,彼得菲改变了他的经营模式。

彼得菲要求添华证券的做市商停止做50只交易型基金。他正在密切关注市场环境,来判断他的企业是否应该进一步放开价格、降低交易承诺金。很多交易公司都是按照添华证券的做法来安排价格和流动性,根据添华证券的安排决定买入或卖出多少证券。如果添华证券选择离开市场,其他公司很可能会跟上,如果缺乏充分的市场竞争,投资者也许会发现股票、商品、期权和期货的价格将会升高。

监管幻觉

彼得菲采取的静悄悄的行动与华盛顿的装模作样形成了强烈对比。议会在后危机时期制定的规则基本上都是在作秀。全社会都在要求,当这么多人赔了这么多钱后应该有人出来承担责任。公众的关注

[①] 资料来源:Thomas Peterffy, Chairman and C.E.O., Interactive Brokers Group, Speech Before the 2010 General Assembly of the World Federation of Exchange, October 11, 2010.

力原本集中在市场上那些富人身上，危机爆发后打散了关注度，而后又被一些机会主义政客再次凝聚并加以利用，他们带领着社会公众去寻找承担责任的罪魁祸首。次贷危机中破产的雷曼兄弟公司的董事长迪克·富尔德是一个替罪羊。高盛集团太过完美地预见了危机发生的时间和市场条件，因此也成了千夫所指的对象。不过，曾经非常成功、受人赞赏的伯纳德·麦道夫不是替罪羊，他是个犯罪分子，利用了当时市场上腐败的环境，尽管从另一个方面来讲，正是因为投资者贪婪才会让他这样的人出现。1987年，市场崩溃是由产品组合保险导致的，这个保险的本意是防止股票长时间下跌。几年前，伊万·博斯基（Ivan Boseky）和迈克尔·米尔肯被逮捕，因为他们卷入一场内部人交易的丑闻中。米尔肯发明了一个高收益的垃圾债券。被称作"阳光查理"的查尔斯·米切尔（Charles Mitchell）曾出任国家城市银行行长，这家银行是花旗银行的前身，他在1929年大崩溃后被逮捕。

议会的听证会和选择出来的替罪羊，就像是现代社会对古老仪式的重播，过去村子里常把罪人拉出来游行。詹姆斯·乔治·弗雷泽（James George Frazer）撰写了《金枝》一书，书中介绍了历史上的多种神话和迷信传说，而寻找替罪羊就是所有文化中都有的一种古老的习俗。每种文化都会设计一些制度，象征性地把他们不想要的东西去除掉。在美国西部的曼丹印第安人部落，在欧洲，在古老的叙利亚和亚洲很多国家或地区都存在这样的文化。

弗雷泽写了这样一段话，相信经历过金融危机的人都会认为这话是对的。他说："这种公开的、定期的驱逐坏人，往往是先经过一段普遍的放任期，在这一期间各种社会约束被束之高阁，各种严重的攻击也都不会被惩罚。"①

现代金融危机的仪式文明得多，一般是美国大型企业的高管面无表情地出席议会委员会会议，面对委员庄严地举起手宣誓讲真话，当然这种形式似乎从来没有真正发挥过作用。

每次金融危机都会有一个相互揭丑的阶段，但是寻找替罪羊的一个负面影响就是会使受害者再次受害。每当投资者揪出华尔街的替罪羊的时候，就是大家对华尔街各种行为的再次合法化认定，即华尔街是腐败的，华尔街的游戏规则是被非法操纵的。华尔街并不完美，但是完全非黑即白的思维方式会把复杂的世界转化成毫无意义的简单化处理，这一定会伤害投资者的利益，他们仍然需要通过股票来争取更加美好的财务状况。这种后危机时代暴行的最大获益者就是那些显赫的政客，他们能通过痛打替罪羊来收获些选票，得到更多媒体的关注，也许还能从大银行那里募集到一些政治活动捐款。2010年，8个众议院议员受到联邦道德委员会的调查，因为他们的资金捐助人与华尔街的一项改革投票紧密相关。一些声名显赫的捐助者逐渐在调查中浮出水面，比如高盛集团和一家名为投资公司机构的共同基金交易公司。

议会就市场进行的听证会常常会演变成政客们表演的剧场，尽管汇集了全国的关注力，但是总是偏离那些对投资者真正有用的信息。议员的竞选活动都需要华尔街的支持，议员也因此会替华尔街的利益团体发声，尽管他们根本不了解那些金融议题。要是听证会能够聚焦那些引发本轮金融危机的机构的运行机制和目的的话，投资者才能够

---

① 资料来源：Sir James Frazer, *The Golden Bough: A Study in Magic and Religion* (New York: The MacMillan Company, 1951), 666.

真正获益。这种信息可以在金融危机质询委员会召开的质询会议上获得，议会委员会拿不出这样的信息。相反，议会的听证会鼓励投资者尽情地释放他们的怒火，这比起搞清楚他们为什么会赔钱容易得多。另外，没人真关心投资者为什么赔钱。听证会证明，投资者陷入了两个权力巨大的团体之间，而每个团体都有自己的意图。华尔街想要你的钱，议会想要你的投票，没人真的在乎你是否了解整个程序，也不在乎你是会成功还是失败。

没有人讨论这个问题，至少没在公开场合讨论过，但是听证会对议员来讲也是尴尬的时刻。这些民选官员和他们所在的监管机构承担着监管华尔街的责任。参议员银行业委员会、房屋和城市事务局与众议院的金融服务委员会都有监管华尔街的责任。这些委员会的成员都算得上是每次金融危机的帮凶，因为他们没能做好自己的工作，没能及时阻止风险蔓延，没能履行监督市场的职责。在这场议会和华尔街两大强权团体的争夺战中，政客可以用听证会来夺回他们的主导地位。然而，一旦股市开始上涨，华尔街又可以凭借几笔丰厚的政治活动捐款而重回制高点。

| 权力 |

华尔街的权力堪比美国政府。像政府一样，华尔街也能够获得纳税人的支持。如果华尔街失败了，联邦政府还得救助华尔街。像政府一样，华尔街的银行也执行外交政策。银行可以用上几十年的时间进行外交努力，争取在外国设立运营机构。有时，美国的外交官甚至抱怨称，他们花太多时间为美国企业安排外事拜会活动了。高盛集团用了十几年的时间与中国建立联系,当前高盛集团的首席执行官汉克·保尔森(Hank Paulson)担任美国财政部长时,为了应对金融危机,他飞到中国去会见中国的副总理。保尔森第一次遇见王岐山还是在15年前,那时王岐山是北京市市长,保尔森是高盛集团的高管。在任何一届政府中,华盛顿的最高职位总是由华尔街的高管来充当,这就保护了华尔街。也许这种裙带关系最著名的例子就是罗伯特·鲁宾,鲁宾曾是高盛集团的前首席执行官,他转任财长后曾与美联储主席艾伦·格林斯潘一起反对金融衍生品监管。正是这些不受监管的衍生品行业点燃了2007年金融危机的导火索,直接导致了贝尔斯登和雷曼兄弟的灭亡,几乎掏空了摩根士丹利和高盛集团两家大公司。华盛顿拯救了华尔街。鲁宾在财长任期结束后加入了花旗银行,这又是一家全球投资银行;格林斯潘卸任后创立了一家咨询机构,几个大银行恰巧成为该机构的客户。

| 权力制衡 |

金融危机过后,权力从华尔街转向华盛顿,但这只是暂时性的转移。华尔街特别善于应对复杂的商业问题,而且经常是打着维护国家利益的旗号来解决这些问题。如果监管华尔街,他们就会说这将会把钱逼向监管较少的国际市场。这一招很能制住华盛顿,因为选区里的选民需要工作,企业需要资金。此外,华盛顿也能借到廉价的资金。不管是众议员还是参议员,他们都需要资金来再次当选。没有什么行业能比华尔街更有钱了。

2008年,当华盛顿忙于应付华尔街搞乱的市场时,华尔街破纪录地砸下9 530万美元聘请游说公司，这个数字在2007年为8 820万美元。① 1990—2012年的竞选周期中，华尔街总共提供了8.294亿美元作为政治竞选活动捐款。2010年，华尔街的政治捐款达到了9 720万美元。在2008年，当华盛顿忙于讨论救助计划的时候，华尔街的政治捐款达到了1.671亿美元。2006年是美国大选年，也是2007年次贷危机爆发的前一年，这一年华尔街的竞选捐资是8 040万美元。②

此外，如果某项规定影响了银行赚钱的能力，华尔街能推迟这些监管规定的执行时间。次贷危机期间出台的很多热议的规则都要经过好多年才能实行。有些新法，比如已经被削减了很多的《沃克尔法则》，本意是禁止银行使用自有资金进行自营交易，但在起草规则前要调研征求银行业的意见。现任纽约大学金融教授、前高盛银行家罗伊·史密斯（Roy Smith）在2010年夏天曾指出："根据我们的经验，政府很难及时有效地执行这些规定，也就是说接下来的8~10年，我们基本上没有任何抵御未来金融风险的能力，这可是件恐怖的事情。"③

监管是市场和政府间的平衡。经过一段时间，市场会赢，因此一定要了解如何有效地应对市场，要独立思考，常怀质疑精神，保持坚韧的品质。在美国，就算是总统也只能当8年，但是华尔街的统治却能持续到永远。

---

① 资料来源：Opensecrets. org, Center for Responsive Politics, Opensecrets. org/lobby/background. php?id=F07&year=2011.
② 资料来源：Opensecrets. org, Center for Responsive Politics, Securities & Investment：Long - Term Contribution Trends, www. opensecrets. org/industries/totals. php? cycle = 2012&ind=F07.
③ 资料来源：Christine Harper, "Crash of 2015 Won't Wait for Regulators to Rein in Wall Street," *Bloomberg News*, August 8, 2010.

致谢

1995年，我到华尔街道琼斯新闻社工作，当时我有一个简单的目标，就是想搞清楚每天晚间新闻里说的道琼斯工业平均指数当日上涨或下跌是什么意思。这个简单的念头让我开启了走进金融市场的旅途，也成就了本书。

我非常幸运地遇见了华尔街智者迈克尔·施瓦茨。他阅读了本书的各版草稿，而且一直是我非常信任的图书营销人。他的智慧激发我撰写本书，他的友善和独到见解使我受益终身。

本书的完成离不开康莱德·C. 芬克的帮助。我19岁在佐治亚大学读书的时候遇见了他，当时他是亨利·格莱迪新闻学院的教授。他的指导塑造了本书，就像他塑造了我本人一样。我们第一次见面，他就为我指出了我可能经历的冒险和多彩的未来，前提是我要努力工作，保持客观的态度。我无法用言语来表达我的感激之情。遗憾的是，他于2012年1月14日过世，我很想念他。

史蒂文·索尼科精明而豁达，他慷慨地审阅了全部手稿，进一步完善了我的思考，提供了非常宝贵的意见。

在本书的写作过程中，尤金·科尔特发挥了关键作用。我们是在芬克先生的课堂上遇到的，也是老朋友了。

自从我走出世贸中心地铁站，焦急地想找到出口，想要去自由大街200号的办公室以来，我都格外地幸运。要不是瑞克·斯泰恩，他雇用我在道琼斯任职，并且给了我很多机会，我不可能从新闻办公室一路走到交易所管理层的套间，我的旅途可能永远不会开启。谢谢你，瑞克。

我也非常有幸能与埃德·芬共事，他是《巴伦周刊》的主编，我很高兴能够成为这个团队中的一员，能够与兰黛尔·福赛思这样的人共事是我的幸福。

很多人为我提供了莫大的帮助。有些人帮助我做了前期准备，还有一些人在我酝酿本书的过程中给予我帮助。列举人名很危险，因为总会不小心漏掉一些人，但是我还是要感谢以下人士：卡罗琳·S.阿诺德、罗伯特·L.谢尔斯、安妮·塔罗、杰瑞·塔罗、霍比奥特恩、约翰·马歇尔、比尔·布罗德斯基、桑迪·弗鲁切尔、帕特·尼尔、凯瑟琳·凯利、吉姆·海德、吉姆·斯图格、卡尔·罗萨克、杜恩·斯坦普利尔、克里斯·格里姆斯、杰森·兹维格、马克·纽伯格、黛尔·卡森、杰克·斯尔、兰妮·施瓦茨、诺曼·斯特塞、卡洛尔·肯尼迪、杰弗·肖、丹尼斯·达维特、琼·沃特、吉姆·法玛、吉布·麦凯克伦、约翰·哈德、斯图尔特·凯瑟、乔安·纳贾里安、拉里·麦克米兰、伯尼·谢弗、斯蒂芬·索拉卡、马克·维夫卡、艾莱克斯·杰克布森，以及我的读者、我在推特上的朋友们，还有很多经纪人、战略分析师，以及华尔街的各位高管，他们都希望不署名。特别要感谢前太平洋交易所、现在的芝加哥期权交易委员会的交易员们，感谢美国股票交易所的交易员们，1996—2000 年，是他们最早向我透露了市场的秘密以及一些交易的技巧。

还要特别感谢我的代理人保罗·布莱斯尼科和玛莎·凯布兰，感谢我聪明睿智的编辑德布拉·英格兰德、图拉·巴坦切夫、金伯利·博纳德、敦娜·马特恩，以及所有在约翰·威利出版社工作的编辑团队，感谢你们理解我所做的事业，并且一直给予我信任。

有些愤世嫉俗的人认为快速致富类图书是唯一能够卖出去的金融书，尽管他们知道那种书永远都不会实现所提出的承诺。我试着做点不同的事情，时间很快就会证实是我的方式会取得成功，还是那些认为民众太傻而分不清正反的人会成功。

如果没有我的父亲迈克尔·J. 西尔斯，这一切都不会成为现实。他帮助我选择我的职业，鼓励我、教导我奋勇前行。我的母亲帕翠卡·西尔斯教会了我勤奋和坚韧的重要意义。

还有我亲爱的孩子们——埃德、克罗伊、哈得逊，愿你们的生活充满奇遇和知识，祝你们在伊萨卡岛的旅行充满惊奇。

我挚爱的妻子卡西多次通读本书，长期以来一直听我唠叨我的写作想法，却总能给我提出幽默的建设性的反馈意见，她堪称是本书的联合作者。她的指纹印在了书的每一页上，她非常认真地编辑校对本书，我必须得说，这本书的精华部分都是出自她的手，而所有的失误和不足都应归咎于我。

史蒂文·西尔斯